新时代高校思想政治教育学术文库

新时代大学生道德素养培育研究

杨斌 著

中国财富出版社有限公司

图书在版编目（CIP）数据

新时代大学生道德素养培育研究 / 杨斌著. — 北京：中国财富出版社有限公司，2024.6

（新时代高校思想政治教育学术文库）

ISBN 978-7-5047-7539-9

Ⅰ. ①新… Ⅱ. ①杨… Ⅲ. ①大学生—道德修养—研究—中国 Ⅳ. ①G641.6

中国版本图书馆CIP数据核字（2021）第197152号

策划编辑	李　丽	**责任编辑**	郭怡君	**版权编辑**	李　洋
责任印制	梁　凡	**责任校对**	孙丽丽	**责任发行**	杨　江

出版发行	中国财富出版社有限公司		
社　　址	北京市丰台区南四环西路188号5区20楼	**邮政编码**	100070
电　　话	010-52227588 转 2098（发行部）		010-52227588 转 321（总编室）
	010-52227566（24小时读者服务）		010-52227588 转 305（质检部）
网　　址	http: //www.cfpress.com.cn	**排　　版**	宝蕾元
经　　销	新华书店	**印　　刷**	北京九州迅驰传媒文化有限公司
书　　号	ISBN 978-7-5047-7539-9 / G・0759		
开　　本	710mm × 1000mm　1 /16	**版　　次**	2024年6月第 1 版
印　　张	14.25	**印　　次**	2024年6月第 1 次印刷
字　　数	212千字	**定　　价**	68.00元

前 言

在大学阶段，大学生正处于价值观形成和心理状态调整的关键时期，他们的认知和判断容易受到多种因素的影响。社会上多元观念的涌现和社会转型带来的一系列变化使大学生在个人定位、价值选择方面充满了困惑。另外，大学生在学习和就业方面也承受了较大的压力。在此背景下，部分大学生仅注重自身文化素质的提升，忽视其他方面的发展，并且呈现出重智育轻德育、重智商轻情商、重自由轻纪律、重个体轻群体、重个性化轻社会化等倾向。这无疑影响了大学生的全面、协调发展。当代涌现出来的新问题、新情况既给大学生道德素养培育创造了机遇，又带来了挑战，故我国高校应当进一步做好大学生道德素养培育工作。

大学生是中国特色社会主义社会的建设者，大学生道德素养培育的成效在很大程度上影响着我国的社会主义建设。因此，我们要重视大学生道德素养培育工作，优化和完善大学生道德素养培育体系，提升大学生道德素养培育效果。要达到该目标，必须对高校的广大师生进行道德素养培育，提升在校师生的道德素养水平，并努力建立一支强大的道德素养培育工作者队伍，以使我国早日实现社会主义现代化的宏伟目标。

鉴于此，本书在总结相关理论的基础上，对大学生道德素养培育进行深入探索。本书先介绍了当前的大学生道德素养培育及其相关理论依据、基本要素和交往视域，进行了中外大学生道德素养培育的比较研究，分析了大学生道德素养培育的原则和内容，然后从人生观、价值观、爱国主义、诚信观、爱情观和职业道德对大学生道德素养培育进行了论述，最后总结了新时代大学生道德素养培育的价值实现路径和机制体系。本书既可供高校道德素养培育相关管理者和从业者阅读，也可作为思想政治教育相关专业大学生的参考读物。

本书在编写过程中参考和借鉴了许多道德教育、思想政治方面的书籍与资料，在此表示诚挚的谢意。由于笔者时间与精力所限，书中难免存在不妥与疏漏之处，恳请广大读者批评指正。

杨　斌

CONTENTS

目 录

绪 论

随着社会的发展，知识经济成为社会经济发展的重要组成部分，教育发展和人才培养工作成为社会发展中的重要课题。在新时期，思想道德建设工作也应当面向现代化、面向世界、面向未来。基于这一理念，笔者深入思考和探寻道德素养培育的发展方向与发展对策，以期让道德素养培育在坚持优良教育传统的同时能够有所创新。也唯有在此基础上，我们才能准确地对教育改革和发展进行方向定位。

第一节 大学生道德素养培育的现实维度

归根结底，道德素养培育工作就是对人们的道德品质、行为习惯和价值观进行教育和引领，帮助人们树立起一系列科学、正确的道德品质、行为习惯和价值观。道德素养培育工作有其独特的特点，如复杂性、长期性、多元化、艰巨性等，因此从事此项工作的人员必须符合下列要求：道德素养、政治素养、思想素养等要达到一定的水平；有丰富的管理知识储备和管理经验，具备教育工作所需的管理能力；业务素质达标，爱岗敬业，踏实肯干；对待教育事业有极强的使命感及责任感；对待工作积极热情，愿意不断充实和完善自我；吃苦耐劳，且具备一定的奉献精神；具备面对突发情况的应对能力等。

上述要求都源自一点，即从事道德素养培育工作的人员要充分认识到道德素养培育的必要性和重要性。唯有从思想层面认识到这项工作的意义，才能真正全心全意地投入工作之中，奉献自己的力量。

大学生道德素养培育工作并非孤立的，它与党和国家的命运、社会发展、人才培养等方面有着十分密切的关联。长期以来，道德素养培育工作都是经济工作和其他工作的基础，是实现党和国家各项任务的重要环节。

环顾当今世界，全球融合的态势非常明显。全球化不但涉及理念问题、观念问题，而且涉及活生生的现实。任何人、任何国家都不可能回避全球化。各个国家的全球化程度决定了其在国际上话语权的强弱。中国坚定不移地推动全球化朝着更加开放、包容、平衡的方向发展。受众多因素的影响，中西方国家的社会发展具有较大的差异，中国的全球化水平与西方的全球化水平相比还存在一定的差距。因此，全球化的思想观念必然与我国传统的思想道德观念产生一定的矛盾。同时，适应甚至引领全球化是新时代社会发展对大学生思想道德素养培育提出的要求，因此，为适应新时代的发展，大学生思想道德素养培育工作必然要进行转型。

一、全球化趋势

如今，各国、各民族的发展都与全球化趋势有着密切关联。全球化趋势首先出现在经济领域，但到目前为止，它显然已经渗透到社会的各个领域，使各领域形成了普遍的交往和联系。

全球化是一个复杂的过程，它既有积极的一面，也有消极的一面。从整体来看，全球化的发展趋势是一把“双刃剑”，它促进了不同国家间的发展与交往，促进了不同文化间的交流，但也对本国文化的传播和发展带来一定的负面影响。

相较于西方发达国家，我国现代化进程起步较晚，因此在全球化进程中我国需要时刻保持谨慎的态度，积极应对外来文化等的入侵。部分西方国家打着“普适论”的旗号不断向中国传播它们的价值观及道德标准，试图将它们的文化强行灌输到中国，其中所掺杂的劣质文化在很大程度上会影响我国人民的身心健康。因此，中国在与其他国家展开交往合作时，要积极做好防守，避免这种交往合作给我国人民造成思想上的不良冲击。

在全球化的发展背景下，各国借助互联网宣传本国的影视、娱乐等文化内容，将本国的价值观传播到其他国家，而这一现象势必会产生多元文化。如今的大学生判断意识薄弱，在面对多元文化时，往往会无所适从，这会对大学生的文化观念、价值观产生一定的影响，给大学生已经形成的文化观念、价值观带来巨大的冲击。无法对文化观念、价值观进行理性分析，就难以做出正确的判断，从而会影响大学生的行为、信念等。这是大学生道德素养培育工作难度加大的重要原因之一。社会的发展、文化的冲击、思想的多元化发展使大学生难以确定一定的文化权威和价值评判准则，这就对如今大学生的道德素养培育工作提出了新的挑战。

二、社会转型

在全球化趋势下研究中国的社会转型，要将复杂多变的国际环境考虑在内，这样才能正确认识中国在国际上所发挥的作用，以及中国的转型会带来的影响。

在全球化趋势下，各国之间的联系变得紧密，各国的政治、经济、文化等方面相互影响、相互制约，任何国家和地区都不可能是独立存在的。这种国际环境对我国的社会转型具有较强的制约作用，使我国的转型之路充满机遇和挑战。

一方面，受改革开放政策的影响和推动，我国社会结构出现明显变化并且尚未完全定型，它正逐步向弹性的、开放的社会结构迈进。在实施改革开放政策之前，我国社会的整体特征是同质性强、高度统一，而在推行改革开放政策之后，我国社会结构呈现出异质化的特点。另外，在推行改革开放政策之后，国家开始履行新的职能，社会也拥有了更加鲜明的自主性；在社会转型过程中，社会结构基本要素形成结构性力量，在合理配置社会资源、推动社会进程发展方面发挥着重要作用。

另一方面，全球化进程令社会与经济方面的风险超越时空限制，社会风险的波及范围覆盖全世界，并且风险积聚到一定程度就会爆发，形成全球性的危机。推行改革开放政策后，中国经济以较快的速度增长，目前中国社会步入转型期，并进入高风险阶段，开始呈现出下列特点：地区和城乡差异持续扩大、传统风险和现代风险并存等。

社会转型是指社会从传统型向现代型转变的过渡过程。我国在社会转型期所取得的成就，为我国大学生的身心健康发展提供了良好的基础条件，主要表现为：可用于满足大学生需要的物质和文化资源愈加丰富；个体价值的实现方式更为多元；大学生与社会之间的联系更为紧密；大学生参与社会事务的方式也更为多样等。在这种社会环境下，大学生的生理特征、心理素质、学习方式等都会发生巨大的变化。

与此同时，社会转型期间所发生的种种转变影响着传统的价值系统及文化规范。在社会转型过程中，市场经济取得了长足发展，多元化的价值观涌现出来，让人们有了更加包容、开放的态度。但不可否认，社会生存境遇、主体精神价值等方面的变迁使部分个体产生逐利倾向，从而导致社会价值轴心开始出现问题，政治、经济、文化、社会四个领域之间出现“板块错位”。因此，作为决定人们存在的意义与价值，以及为人们的实践提供源源不断的精神动力支持的道德素养培育，就有了发展的内在需要。

自改革开放以来，我国现代化建设取得了显著成就，为大学生道德素养培育工作的开展创造了良好的社会环境。随着国家相关部门的重视，我国大学生道德素养培育工作得到了快速发展，并取得了显著成绩，在我国培养现代化的高素质人才、推动高等教育的发展等方面发挥了重要的作用。

国家对大学生道德素养培育工作的重视主要表现为以下几点。

首先，中央各部门进一步强化大学生道德素养培育工作，推动各高校优化和完善相关教育工作。在各部门的引领和支持下，高校打造出较为完备的大学生道德素养培育工作体系，明确了培育的目标、方式等。各级部门及各高校按照中央部署落实行动，在大学生道德素养培育工作方面取得初步成效，为后续培育工作的开展和完善奠定了坚实基础。

其次，如今大学生道德素养培育内容不断充实，所覆盖的范围也不断扩大。高校思想政治理论课在大学生道德素养培育中起到了主课堂、主渠道、主阵地的作用。大学生社会实践开展的形式愈加多样化，为大学生道德素养培育提供了良好的平台。

最后，国家对大学生道德素养培育工作的推进，极大地拓展了大学生道德素养培育的新载体、新途径。例如，一些公益组织和志愿者团体通过网络平台开展道德教育活动，吸引更多大学生参与。大学生道德素养培育的师资力量得到了发展，其工作机制和系统也逐步完善。许多高校聘请了一批具有丰富经验和高度责任感的教师，负责道德素养课程的教学。

总之，国家对大学生道德素养培育工作的推进，为培养具有良好道德素养的大学生创造了有利条件。在今后的工作中，我们还需继续努力，不断完善相关制度和机制，为构建和谐美好的社会做出更大贡献。

第二节　大学生道德素养培育的网络维度

一、互联网给大学生道德素养培育带来的机遇

信息已成为社会发展中的一个主导因素，是客观世界不可或缺的重要资源。从人类社会发展的历史来看，信息的传递促进了社会的发展。人们

通过信息交流达到建立共识、分享利益、发展关系等目的。

互联网技术的发展使人们之间的交流更为便捷，不同地区的人们不仅可以互相交流（“说”），还可以通过虚拟现实技术进行“听”和“看”，轻松实现“面对面”交流。

互联网自身的开放性和便利性使其拥有广泛的使用人群，不同地区、不同种族的人们都可借助互联网顺畅交流，地球俨然成为一个“拥挤的地球村”。所谓“拥挤”，主要是指信息量大，人们每天都需要面对大量繁杂的信息。如今互联网已经渗透到人们生活的方方面面，对人们的身心产生了巨大影响，也影响着大学生道德素养培育工作。

（一）实现了大学生道德素养培育中主客体的平等交流

在传统的道德素养培育工作中，教师是教学活动的主体，向大学生传授相应的道德素养知识，大学生是教学活动的客体，被动接收教师传授的知识。虽然师生能够面对面的交流沟通，但教师难以调动大学生对道德素养知识学习的积极性，甚至会使大学生产生一定的抵触情绪。

互联网在教育中的使用，突破了以往教育中师生只能通过面对面才能交流的限制，拓展了师生交流的方式和渠道，促进了师生之间的交流。新的交流方式和渠道能够使师生处于同等的地位，进而激发大学生的主动性与积极性，使大学生充分发挥自身在道德素养培育中的主体作用，主动参与道德素养学习，自主探索相关的知识。

每个人由于身份、社会地位、基础条件、兴趣爱好等的不同，具有各自的社会关系，人们的交流过程通常会受这种社会关系的约束。但是在互联网环境下，人们可以突破各种社会关系的束缚，同时扮演多种角色，自由地与他人进行交流。因此，互联网在大学生道德素养培育中的使用，改变了以往道德素养培育工作中的主客体关系，有利于主客体之间的平等交流。

（二）丰富了大学生道德素养培育工作的内容

互联网为大学生道德素养培育工作提供了丰富的内容。首先，互联网上有大量的在线课程，涵盖伦理道德、法律知识、心理健康等多个方面。其次，社交媒体为大学生提供了展示自己、与他人交流思想的平台。在这里，他们可以关注社会热点问题，了解中华传统文化，了解国家政策、法律法规等。这有助于培养大学生的社会责任感和公民意识，进而使其提高道德素养。最后，许多公益组织通过网络平台发起公益活动，鼓励大学生参与。这些活动既能锻炼大学生的实践能力，又能培养他们的道德品质。

互联网的使用不仅扩大了师生所接触知识的范围，还拓宽了大学生接受道德素养培育的渠道。互联网环境下的道德素养培育内容具有传播速度快、信息量大、形式多样等特点。教师可以根据自己及大学生个体的需要，从中选择合适的教学资源，从而将大学生的文化、思想、价值观等内容与道德素养培育工作结合起来，这样有利于提高大学生道德素养培育的教学效果。

丰富的大学生道德素养培育形式，如在线教育平台、社交媒体、网络公益组织等使大学生道德素养培育工作由静态走向动态、由平面走向立体。

（三）给大学生道德素养培育工作提供了多元化的教导手段

开展大学生道德素养培育工作，传统的方式是师生面对面交流，而互联网的发展给如今的大学生道德素养培育工作的开展提供了多元化的教学手段。

首先，网络课程是校内课程的重要补充。通过“学堂在线”等在线教育平台，大学生可以随时随地学习。其次，互联网技术支持多媒体、虚拟现实等互动式教学方法，使道德素养培育工作更加生动有趣。大学生可以通过观看视频、参与讨论等方式，更深入地理解道德规范。最后，电影、电视剧、网络文学等网络文化产品，往往蕴含着丰富的道德教育元素。通过欣赏这些作品，大学生可以感受中华传统文化的魅力，提升道德素养。

互联网能够给大学生道德素养培育提供很多便利，因此，大学生道德素养培育工作者应着重研究如何将互联网与大学生道德素养培育工作有机地结合起来，以提升大学生的道德素养。

（四）有利于增强大学生道德素养培育工作的时效性

互联网使信息的更新速度和传播速度更快，也使人们获取信息的方式也更加便捷。互联网的时效性具体体现在以下几个方面。

（1）即时性：通过网络直播等形式，实现对事件的实时传播。

（2）用户参与：用户可自主制作和分享信息，这种参与性不仅提高了内容的多样性，也加快了信息的传播速度。

（3）全时性：可以全天候不间断地更新和传播信息。

（4）全球性：打破了地理界限，使全球范围内的事件得以传播。

互联网的时效性满足了现代社会对信息快速获取的需要。将互联网运用到大学生道德素养培育工作中，具有十分显著的优势。

以往的道德素养培育工作主要采用面对面的方式，受时间、场地的制约，参与这一活动的人数有限。而借助互联网，人们可以快速获取各领域信息，以较快的速度了解世界上新近发生的事件，这极大地增强了大学生道德素养培育的效果。

互联网允许用户参与的特点，使大学生在日常生活中可以将自己对国内外时事热点的看法表达出来，还可以及时将自己对高校管理、课程管理的意见表达出来。这有助于教育工作者及时了解大学生的想法和需要，适时调整管理方式和办法，调整授课内容和方式，从而传播正确、健康的道德素养培育信息，增强大学生道德素养培育的效果，提高大学生道德素养培育课程的时效性。

二、互联网对大学生道德素养培育工作提出的挑战

互联网上充斥着各种各样的信息，良莠不齐，再加上舆论导向难度加大、多元价值观的冲击等，引发了一系列网络道德问题。大学生虽已成年，但社会经验较少，难免被网上纷繁复杂的信息所困扰。互联网给大学生道德素养培育带来机遇的同时也提出了挑战。

（一）互联网对高校德育工作舆论导向带来的挑战

不同国家以及不同个体之间由于文化不同会产生一定的冲突。目前，网络环境开始向复杂化、多样化发展，人们获取信息的途径也愈发多样。

不同的人在知识、技能、阅历等方面存在巨大差异，他们的价值标准和价值取向也是不同的。如果自身的价值观和网上纷繁复杂的信息具有较大出入时，人们就会感到迷惑，容易失去判断力。互联网的开放性使整个世界成为一个“地球村”，它不但扩大了人们接受信息的自主权，而且增强了人们对信息的发布能力。当代大学生在实践中经常接触互联网，互联网中的先进文化和观念可以激发大学生积极向上，但互联网中的不良文化则会给大学生的健康成长带来负面影响，不利于大学生身心健康发展。尤其是对于自制力差的学生，学校需要加强管理，帮助他们树立科学、正确的价值观。互联网带来的负面影响给高校道德素养培育工作带来了挑战，学校要以高度负责的态度，加强大学生网络道德教育，研究有效的管理机制，加强对大学生使用网络的管理。从社会道德、法律等层面向大学生传播知识，帮助大学生树立正确的网络观，切实帮助大学生解决网络带来的种种问题。

（二）互联网使道德素养培育工作者的权威性受到挑战

传统的大学道德素养培育工作以已有可控的信息为教学基础，教师在这一教学活动中是权威者，是道德素养培育工作的组织者和实施者，决定着教

学内容和教学方式，即大学生所接受的道德素养知识是教师筛选、整理后的内容。这些内容具有一定的逻辑性和层次性，能够确保教学目标的达成，也能够适应大学生的能力和程度。在互联网环境下，大学生接受教育的方式发生了较大的变化。这对道德素养培育工作者的权威性提出了挑战。

知识和知识获取途径的多样化可能影响教师的权威性。互联网为大学生提供了海量的学习资源和良好的学习平台。大学生可以通过网络访问各种在线教育平台、开放课程、电子图书馆等，获取知识和信息。但是知识多样化意味着有时难以有统一的标准或者答案。当大学生自己找到的信息与教师所传授的内容存在差异，甚至相矛盾时，就可能导致大学生对教师的权威性产生怀疑。

自主学习能力增强减弱了大学生对教师的依赖，进而弱化了教师的权威性。一方面，随着网络资源的丰富和在线学习平台的发展，大学生能够自主地选择学习内容和时间，逐渐形成自主学习的习惯。另一方面，“互联网+教育”的环境让大学生有了更多主动学习的机会，让大学生能够根据自己的兴趣和需要选择更加个性化的学习方式。这种自主性的提升可能会减少大学生对教师的依赖。

跨学科知识整合的需要给教师提出了更高的要求。一方面，由于互联网上各种意见和观点的碰撞，以及不同领域专家的多元化观点，大学生往往面临信息过载的情况。在这种情况下，教师不仅需要证明自己的知识是准确的，也要展现其相对于其他信息源的优越性和可靠性。另一方面，在现代教育环境中，教师需要利用各种技术工具进行教学，如在线课堂、多媒体设备等。如果教师对这些工具不熟悉或使用不熟练，可能会影响他们在大学生心目中的形象和权威地位。这就要求教师不仅要在自己的专业领域内保持权威，也要有能力指导大学生整合和应用跨学科的知识。

（三）互联网文化的冲击使大学生正确价值观的树立受到挑战

互联网的发展拉近了不同人、不同地区、不同国家之间的距离，使如今的世界成为一个“地球村”，各国之间的文化交流也更加便利。不同的国家和地区都试图通过互联网来扩大其文化、意识形态、价值观等方面的影响力。这促进了不同文化的多元化发展，但也给外来文化与各国、各地区自身文化之间的关系带来了巨大的挑战。这种社会环境给大学生树立正确的目标及理想信念带来了巨大冲击，给大学生道德素养培育工作也提出了新的挑战。

随着互联网的发展，不同文化之间的意识形态对抗形式发生了变化，逐渐被科学技术交流和思想文化交流所取代。利用互联网对具有不同文化的国家进行文化渗透，已经成为部分国家促进其国际化发展的重要战略之一。现如今，信息大国对外渗透自己政治文化领域内容的形式主要表现为三个方面：一是利用互联网强行推销其价值观；二是利用大学生判断能力弱、可塑性强的特点，通过图文声像等方式传输其不良的文化和生活方式；三是垄断教育信息，将错误的文化信息传递给大学生，借以撼动传统文化道德观念在大学生心目中的地位。这就使大学生正确价值观的树立受到挑战。

（四）互联网上不良信息传播增加了网络监管难度

互联网全球化发展虽然能让大学生便捷地了解各种信息，为大学生打开了直接接触各国文化的大门，但是也产生了很大的安全隐患，为部分不法分子传播不良信息提供了便利。网络技术的发展，使人们可以借助互联网发布自己所要传播的内容，而不同的人有不同的想法，多数情况下，人们无法对网上的信息资源进行删减、修改，使如今的网络信息极为庞杂，信息的质量也无法保证，这对大学生的身心健康产生了负面影响。目前，网络信息的堆积增加了网络监管工作的难度。随着大学生上网频率的增加，教育大学生自觉抵制网络信息中的不良信息已经成为大学生思想道德素养培育工作的重要内容。

第三节　大学生道德素养培育的价值维度

一、大学生道德素养培育的社会价值

大学生道德素养培育的社会价值是指通过具体的道德素养培育实践，使大学生将特定的道德价值规范内化，进而推动社会各领域的发展。大学生道德素养培育从本质上来说就是用科学的方法将一种社会意识形态传授给大学生。

（一）大学生道德素养培育与社会的关系

大学生道德素养培育与社会之间存在密切的联系，两者相互依存、相互制约。社会的发展需要道德素养高的大学生，而高校则承担着培养大学生的重要责任。同时，大学生的道德素养也影响着社会的文明程度和未来发展。因此，高校德育工作不仅是教育问题，也是社会发展的重要组成部分。

社会对高素质人才的需要促使高校将提升大学生道德素养作为培养目标之一。大学生的道德素养培育旨在满足社会对具有良好职业道德人才的需要。

教育体系在传递社会文化和主流价值方面扮演着重要角色。它不仅强调知识、技能的传授，也强调通过德育课程、社团活动和社会实践等方式，强化诚信、公平、友善等原则，以使社会期望的行为规范和价值观植入大学生的心中。

大学生道德素养的培育不仅是为了使个人得以成长，也是为了培养个人作为社会成员的责任感和公民意识。具备良好道德素养的大学生更可能成为积极参与社会事务、促进社会进步和维护社会稳定的公民。

随着经济的发展，各行各业对职业道德的要求越来越高。大学生作为未来的专业人士，他们的道德素养直接关系到职业行为的规范性、商业环境的诚信度，以及整个社会的经济健康发展。

（二）大学生道德素养培育要借助于社会力量

提高大学生的整体素质是大学生道德素养培育工作开展的主要目的，也是全社会的事业和责任。大学生道德素养培育需要社会各界的共同努力。

家庭是道德教育的第一课堂，家长应该树立正确的价值观，以身作则，为孩子树立良好的榜样。同时，家长要关注孩子的道德成长，引导他们树立正确的世界观、人生观和价值观。

高校是道德教育的主阵地，教师应该加强德育课程的设置，将道德教育融入课堂教学和社会实践中。此外，高校还要加强师德建设，提高教师的道德素养，让他们为大学生树立榜样。最后，高校应打破封闭状态，加强与社会、家庭之间的联系，强化大学生道德素养培育的社会力量，在社会发展的大背景下提高大学生的思想道德素养。

政府、企事业单位、社会团体等应该共同营造一个有利于大学生成长的社会环境。这包括加强对道德规范的宣传和普及，严厉打击道德败坏行为，以及开展丰富多样的道德教育活动。

媒体在道德教育中起到舆论引导和宣传教育的作用。各类媒体应该积极宣传社会主义核心价值观，弘扬中华优秀传统文化，传播正能量，为大学生道德素养的培育营造良好的舆论氛围。

网络是大学生获取信息、交流思想的重要渠道。要加强网络道德建设，规范网络行为，净化网络环境，使网络成为大学生道德素养培育的新阵地。

大学生自身也要树立正确的道德观念，自觉遵守社会公德、职业道德和家庭美德，不断提高自己的道德素养。

总之，大学生道德素养的培育需要社会各界的共同努力，形成家庭、高校、社会、个人多方参与、共同推进的良好格局。只有将大学生的道德素养培育工作视为全社会的共同任务，充分利用社会各界资源，打造立体、完备的道德素养培育体系，才能更好地实现育人目标，才能培养出具有高尚道德品质的大学生，为社会的发展和进步做出贡献。

（三）大学生道德素养培育的社会化价值

1. 有利于提高大学生道德素养培育工作的重要性

大学生道德素养培育社会化能够增强大学生道德素养培育工作者理论建构与实践创新的学科归属感和使命感。当道德素养培育不再局限于校园内部，而是扩展到社会各界时，相关工作者可以感受到他们在推动社会进步中所扮演的角色，这种广泛的社会参与性使他们更加认同自己的工作。大学生道德素养培育的社会化允许相关工作者直接接触多元的社会环境和实际问题，实践中的挑战和反馈有助于激发他们的使命感，使他们更加积极地投身于道德教育工作，不断完善和发展道德教育的理论框架，不断创新教育方法和内容。

大学生道德素养培育社会化，能够增进大学生道德素养培育与其他学科之间的交流合作。大学生道德素养培育不是孤立的，它与大学生的专业学习、社会交往和个人发展紧密相关。通过大学生道德素养培育社会化，可以将道德素养培育的理念和方法融入其他学科的教学和研究中，实现教育的综合性和协同性。随着知识经济的发展，不同学科之间的界限越来越模糊，知识的交叉融合已成为趋势。大学生道德素养培育社会化有助于打破学科壁垒，促进跨学科知识的整合和应用。无论是自然科学还是人文社会科学，教育的最终目标都是培养具有社会责任感、创新精神和实践能力强的高素质人才。大学生道德素养培育社会化可以作为这一目标的共同载体，促进各学科之间的沟通和协作。

大学生道德素养培育社会化能够引导广大道德素养培育工作者在理

论建构和实践创新中形成统一的意志，逐步确立相对稳定的理想信念、文化符号和实践机制，使大学生道德素养培育学科的理论建构和实践创新趋于规范，进而有利于道德素养培育学术传统的形成和学术文化的积淀。

2. 有利于凸显大学生道德素养培育的政治功能

随着社会的发展，不同文化之间的交流碰撞，新旧体制之间的矛盾冲突，社会利益关系的深刻变化等，增加了社会发展过程中存在的不稳定因素。在这种时代背景下，保证功能、导向功能、传播功能成为大学生道德素养培育工作的基础。

首先，大学生道德素养培育工作要对大学生的思想加以引导，保证大学生的思想正确。

其次，大学生道德素养培育工作具有导向功能，大学生道德素养培育的社会化发展，改变了以往的教育内容，高校的道德素养培育工作者要基于社会的发展需要，引领大学生形成符合社会发展要求的理想信念和行为规范。

最后，大学生道德素养培育工作具有传播功能，它让先进的思想和文化以更好的方式和途径进行传播，增进大学生对道德素养培育工作的接受程度。

3. 有利于优化大学生道德素养培育工作系统内部资源配置

大学生道德素养培育社会化有利于优化大学生道德素养培育工作系统的内部资源配置。

一方面，大学生道德素养培育工作的社会化发展对系统内部分工协作起到了推动作用。只有将不同的道德素养培育工作有效地整合在一起，才能加快大学生道德素养培育理论的构建，并提高大学生道德素养培育理论知识创新的效率。

另一方面，大学生道德素养培育社会化有利于引导道德素养培育工作者严格按照分工协作的方式对知识结构进行配置，逐步形成相互协作的关系，有效避免资源内耗，从而促使大学生道德素养培育工作者集中力量进行理论研究和实践创新，增强大学生道德素养培育工作者的自主创新能力。

二、大学生道德素养培育的个体价值

大学生道德素养培育的个体价值是指大学生道德素养培育在促进个体全面发展方面的价值。大学生道德素养培育的最终目的是提高大学生的道德素养水平，提高大学生的综合素质。这不仅是社会发展的本质要求，也是个体发展的内在要求。

（一）个体价值的具体内容

大学生道德素养培育课程对大学生而言具有很大的价值，具体表现为以下两点。

大学生道德素养培育课程有助于提升大学生道德素养水平，推动大学生的全方位发展，助力大学生更全面地把握社会发展情况，用更成熟的思维对问题展开分析。大学生学习道德素养培育课程，可以系统学习道德规范、社会主义核心价值观等内容，提高道德认知水平，从而更好地理解社会期望和个人行为之间的关系。大学生道德素养培育课程通常注重培养大学生的正义、善良等情感，帮助大学生在情感层面建立对美德的追求和对不良行为的厌恶，从而强化道德意志，明确道德判断标准。道德素养是个人综合素质的重要组成部分，良好的道德素养有助于大学生在智力、情感、意志等多方面实现均衡发展，成为社会的有用之才。大学生道德素养培育课程常常结合时代背景和社会发展趋势，帮助大学生了解社会变迁中的问题，使他们能够更全面地把握社会发展情况。通过学习和讨论道德问题，大学生可以培养批判性思维和问题解决能力，学会用更加成熟和全面的视角来分析复杂的社会现象。

大学生道德素养培育课程有助于促进大学生的社会化发展。社会化是每个人进入社会的必要环节，每个人在发展的过程中，都要面对和处理社会化问题，唯有经历过社会化过程，个体才能够实现进一步发展。“人的社会化”是指人由一个自然人转变为具有社会意义的、拥有各种社会关系的人。人在出生后，只是作为一个自然人存在，需要经过长期的发展，学习知识文化，了解社会的道德规范，掌握一定的技能，才能实现人的“社会化”。人的社会化特征是在长期的社会生活中，受到一定道德规范的制约和社会环境与教育的结果，不只是单纯的人的生物特征。个体唯有身处社会之中，与社会发展情况相适应，才有可能在社会环境下实现自身的不断发展。

（二）个体价值的实现

从人类社会的发展来看，经济基础决定上层建筑，人们的物质生活水平与精神水平密切相关，两者之间相互影响、相互制约。但是，并不意味着物质水平高，其精神水平就高。

经济的快速发展、全球化进程加快、不同文化的交流碰撞，对人们的精神世界产生了巨大的影响。面对这种变化，有些大学生难以做出正确的判断，有时还会忽视对自身道德素养的提升。因此，高校应重视大学生道德素养培育工作，注重大学生的精神生活，帮助大学生摆脱不利思想的影响，指导大学生形成正确的道德观念，促进大学生的全面发展。

（1）在教学课程中融入道德素养培育元素，如开设专门的道德哲学课程、职业道德课程及与专业相关的伦理课程，使大学生在学习专业知识的同时，增强道德认知和道德判断能力。

（2）通过社会实践、志愿服务、模拟法庭等实践，强化实践教学，让大学生将道德理论应用于实际情境中，体验道德行为的意义和价值。

（3）通过道德榜样，如教师、校友和社会人士等的言行示范，激励大学生形成正确的价值观和行为模式。

（4）营造积极向上的校园文化氛围，鼓励大学生参与文明校园建设、诚信教育活动等，培养大学生的集体荣誉感和社会责任感。

（5）提供心理健康教育和咨询服务，帮助大学生处理情感问题，学会压力管理和自我认识，促进其健康成长。引导大学生制订个人发展规划，包括职业目标、学习计划和生活规划，帮助他们明确个人价值的实现路径。

（6）创造条件让大学生参与社会服务和公共事务，如社区服务、环保活动等，增强他们的社会参与意识和公民责任感。

（7）建立有效的道德素养评价和反馈机制，及时了解大学生的道德发展状况，给予正向激励和必要的指导。

三、社会价值与个体价值的关系

大学生道德素养培育的目的是促进个体的社会化发展，解决个体在发展过程中所产生的个体与社会之间的矛盾。长期以来，无论是家庭还是社会，都认为大学生道德素养培育工作是高校的工作内容，无须将其与社会联系起来。在这种误解下，有些高校道德素养培育工作的开展很少利用社会资源，没有将社会、家庭与高校联合起来，从而导致大学生所接受的道德素养培育内容与实际的校外环境不协调，无法实现大学生道德素养培育应有的教学效果。

高校的教育应与社会发展需要结合起来，在社会发展的基础上，按照社会的要求来培养人、教育人，促进人的全面发展，从而促进人的社会化发展。高校要为社会发展输送优秀的人才，因此开展的教育就不能脱离社会环境。

我们应用辩证的观点来看待大学生道德素养培育的社会价值和个体价值之间的关系。大学生道德素养培育的社会价值和个体价值存在区别，若是混淆两者，可能令大学生道德素养培育陷入无序状态。但两者之间也具有较强的联系，社会是由众多个人组成的，个人是社会中的一员。个人价值需要在一定的社会环境中才能得以实现。个人也只有成为社会中的一员，才能在社会中得以生存和发展。因此，我们说社会化是个人促进自身发展、实现个人价值的起点。在大学生道德素养培育中，社会价值是大学生个体价值得以实现的根本保障，个体价值是在大学生追求社会价值的过程中实现的，如果大学生失去了对社会价值的追求，那么其个体价值也难以实现；个体价值是社会价值的前提，只有在充分发挥大学生个体价值的基础上，才能发挥大学生的社会价值。因此，在大学生道德素养培育实践中，要强调社会价值与个体价值之间的协调发展。

第一章
大学生道德素养培育的哲学思辨

通常来说，大学生综合素养指的是大学生的智力、体能、道德素养等有机结合起来形成的统一体。其中，道德素养的地位极为关键，它在很大程度上指导着大学生的人生方向，推动着大学生的人生发展。恰恰因为意识到了道德素养的重要性，所以近年来各高校及相关研究者普遍对德育方面加以关注和重视。在专家、学者及相关教师的努力下，德育领域涌现出了很多新型研究成果，这在一定程度上推动着大学生道德素养培育的进步和优化。

应当明确的是，这些研究多是围绕具体的实践问题展开的，其研究视野往往缺少更多的维度和宏观性，从哲学视角对道德素养培育相关方面展开的研究相对较少。

第一节　新时代大学生道德素养培育的理论依据

道德素养培育除了涉及大学生个人道德水平的提升，还涉及大学生思想素质、政治素质等诸多方面的培养。高校在制定道德素养培育的原则及目标时，要综合考虑社会发展的现实需要和大学生身心发展的特点，还要参考相关科学理论等。

一、伦理学

伦理学与道德密切相关，是研究道德现象、揭示道德本质及其发展规律的学科，属于哲学类学科。伦理学主要回答社会和社会个体之“应当”，论述善、恶的价值评价，具有强烈的实践性品格。伦理学有时也称“道德哲学”。

在中国，《尚书》《周礼》《诗经》等已记述了大量的伦理思想，后又有不同的学者丰富相关论述。在西方，亚里士多德首创了伦理学学科。

道德是人们共同制定的无形契约。社会能够存在并且不断向前发展，其原因之一就是人类活动总体上与道德原则相符。但应当指出的是，不可将道德直接视为推动社会进步的原因，而是应当将人们遵循道德所付诸实际的活动作为推动社会进步的原因。道德是不可触、不可见的规范性存在，是虚无的。但是，道德的践行和道德本身有着巨大的区别：道德的践行是切实的行为活动。所有的人类活动都可以视为对道德的践行，所以道德的践行才是推动社会进步的重要力量。

概而言之，人们所奉行的道德规范在很大程度上决定着社会的发展状态。伦理学能够指导和引领社会各种规范及原则的制定，并且它们也构成了社会规范和原则的一部分。因此，要想深入研究大学生道德素养培育方面的问题，就绕不开伦理学领域，就不得不对伦理学相关理论展开探究。

二、马克思主义交往理论

在马克思主义哲学体系中，社会交往理论的地位极为重要。人类的实践无疑离不开交往，人的交往情况在很大程度上决定了人的发展程度。离开了交往，人的发展可能无从实现。交往的发展变化令个体发展过程呈现动态性特征。人的社会交往实现了全球普遍交往状态，使原本地域性的个体存在转变为世界范围内历史性的普遍个体存在。个体发展是由其周围交往的所有人的发展情况所共同决定的，彼此产生关系的个体在后续的世代中也彼此关联，后代个体的现实存在取决于他们的前代，并且后代所应用的生产力、交往方式也往往是对前代的传承，而这些生产力、生产方式等无疑决定了这一代人彼此之间的关系。

综合而言，社会始终处于发展过程中，个人的发展情况无法与其前人或者同代人的历史相脱离，这是历史的必然。恰恰因为交往的存在，人才能够成为社会人。交往应当被视为个体的存在方式，换言之，人是交往性存在。所以人应当被视为社会存在物，种种社会关系恰恰产生和形成于各种人类交往活动。所以说，个人的交往活动构成了社会，交往成为人之为人的根据，成为人的社会性的根据。

马克思主义交往理论随时代发展而不断变化，以马克思主义交往理论为依据，可将人类社会发展过程可分为三个阶段：人的依赖关系阶段、以物的依赖性为基础的人的独立性阶段、建立在个体的全面发展基础上的自由个性阶段。

（一）人的依赖关系阶段

在原始社会，人类认识自然和改造自然的能力很差，人类对自然界有着较强的依赖性，这便决定了当时的人类以群居状态生活。在原始社会，个体从属于共同体才能更好地满足自身的生活和生存需要，这就使不同个体之间定然会形成某种依赖关系，从而出现了以血缘关系为纽带的氏族公社。在此种原始集体生活中，孤立的个体转变为氏族或者家庭的个体，个体与个体相互依靠，没有任何个体利益可言，个体的一切思想行为都是围绕其所生活的、依存的共同体的集体利益进行的。在生产力极为低下的情况下，人与人之间只能建立以自然联系为纽带的人身归属共同体的关系。

后来人类有了更高的劳动水平，特别是应用了金属工具之后，人类认识和改造自然的能力得到了大幅度提升，此时人类社会逐渐进入奴隶制、封建制国家这种新型的共同体时期。在这一时期，个体不拥有充分的独立性、自主性，而往往会被血缘关系所支配。在该背景下，共同体的存在就意味着要减弱个体的主体性。

综合而言，相较于资产阶级社会的生产机体来说，上述社会的生产机体更为直接、简单，但尚未成熟，尚以其他个体的自然血缘联系的脐带为基础，或者以直接的统治和服从的关系为基础。追溯的历史年代越久远，作为生产单位的个体的独立性就越差，其所从属的群体就越庞大。换言之，历史年代越久远，个体的存在及进步对血缘和等级关系的依赖性就越强，个体独立性就越弱。在这种状态下，个体和共同体（社会）所具有的原始关系彼此矛盾，从而使两者都无法实现充分发展。

（二）以物的依赖性为基础的人的独立性阶段

商品经济迅速崛起，工商业的出现和迅速发展让原本的共同体瓦解，人类社会开始步入“物的依赖性”阶段。

从“人的依赖”关系转变为“物的依赖”关系，具体体现为两个方面。一方面，人具备更加鲜明的主体意识，不再处于原来的人的依赖关系中，而是成为市场经济条件下具有独立性、主动性的行为主体。另一方面，对物的依赖性逐渐增强使社会关系呈现突出的物化趋势，人开始被物的关系所支配，并在此种背景下出现异化现象。

在“物的依赖性”阶段，对于主体的人而言，人与人之间的关系是异化的、独立的，表现为一种物。在交换价值上，人的社会关系转化为物的关系；人的能力转化为物的能力。显然，人已不再是一个“人”，而是一种可以不断地再生产出剩余价值的活动的工具和物品；从事这些活动的目的，不是人自身的目的，而是以间接方式表现出来的资本主义商品生产和社会关系再生产的目的。

由此可见，在以物的依赖性为基础的人的独立性阶段，人的主体性虽然在生产实践中得到了极大的推崇和张扬，但由于物作为交换价值的中介产生了异化，主体因此成为被物欲所主宰的单向度的人。

（三）建立在个体全面发展基础上的自由个性阶段

个体之间发生关系是不可避免的，而在一个共同体之中，个体的解放及发展情况在很大程度上由共同体内的其他个体共同决定。唯有在共同体的环境下，个体的独立性才有存在的意义。若没有共同体这一前提条件，个体便无法实现自身的全面发展及自由发展。

在以往非正式的共同体中，仅统治阶级拥有一定的个体自由。以往由不同个体所组成的非正式意义上的共同体，从本质上来说是为阶级斗争服务的，所以对于被统治群体而言，这种共同体更像是某种束缚和桎梏。

在正式的共同体之中，不同个体联合起来，并借助此种联合获取自由。也正是在这个意义上，实现人的普遍解放和自由而建立“每个人自由发展”的联合体是社会主义和共产主义的本质特征，是人类社会发展的最高形态。其本意就在于确立一种人与人、人与社会之间和谐关系的普遍价值准则。

由此可知，人与人之间的关系是主体间的关系，在人类社会发展的第三个阶段中，这种主体间的关系既不是自我牺牲精神，也不是利己主义，而是人的自我异化的积极扬弃，因而是通过人并且为了人而对人的本质的真正占有；因此，它是人向自身、向社会的复归，即合乎人性的人的复归。这种复归是完全的、自觉的，是和在以往发展的全部财富范围内生成的。本质上它是人和自然界之间、人和人之间矛盾的真正解决，是存在和本质、对象化和自我确证、自由和必然、个体和类之间的斗争的真正解决。在这样的社会共同体中，人们在相互联系、相互交往中形成的是自由、平等、合作、和谐的主体与主体之间的关系，是对人的本质的真正把握。这不仅解释了自我作为主体的人的意义，也解释了他人作为主体的人的意义。而正是这种相互理解，极大地促进了人与人、人与社会之间矛盾的解决，实现了和谐。

综上所述，关于人的发展的三个社会阶段的演进过程就是一个以人的社会关系形态为形式的历史发展过程，其实质就是对主体性向主体间性转折历程的科学概括和总结，道德素养培育则是主体性道德素养培育向主体间性道德素养培育转化的理论基础。

第二节　新时代大学生道德素养培育的基本要素

道德素养培育结构对道德素养培育的功能及整体效应发挥具有决定性作用。对大学生道德素养培育展开科学研究时，既要研究其各组成部分及基本要素构成，又要研究其系统整体，唯有如此，才能从总体上把控和优化大学生道德素养培育过程。

大学生道德素养培育是一个复杂的综合系统，它处于动态变化过程中，并且蕴含诸多要素，如主体、客体、介体、环体等。该系统具有突出的有序性和稳定性。

一、主体要素

（一）主体的界定

主体这一概念在哲学中的运用是多维度的，它不仅关乎存在的本质，也关乎知识的生成和认知的过程。在不同的哲学体系和思想流派中，对主体的理解和应用也会有所不同，这些理解反映了哲学家对于世界和人类的不同看法。作为一个哲学概念，主体一般有本体论意义和认识论意义。

本体论关注存在的本质和基础结构。在本体论意义上，主体指的是存在的实体或事物，它们具有独立的特性和本质。在这个层面上，主体性强调的是个体的独立性、自主性和主动性。例如，一个人可以被视为一个主体，因为他具有自我意识和自我决定的能力。

认识论探讨知识的来源、结构和限制。在认识论意义上，主体是指认识过程中的认知者，即那些能够感知、思考、理解和行动的实体。在这个意义上，主体性涉及个体如何构建知识和理解世界的过程。辩证唯物主义认为，客体是不依赖主体而独立存在的，而主体在实践中能动地反映和改造世界。

综上所述，主体指的是和客体对应存在的事物，指的是有能力对客体展开认识和实践的个体，客体对主体活动具有反向制约作用。主体是人，但是不同个体的类型和存在形式等有着较大的差别。

（二）大学生道德素养培育中主体要素的界定

在大学生道德素养培育中，主体要素即具体的行为实施者。大学生道德素养培育是对大学生的道德素养进行培育、发展与完善。综合而言，大学生道德素养培育属于人类社会实践的范畴，其出发点、归宿及行为实施者都是人。所以，在大学生道德素养培育的整个过程中，人是核心要素。而此处所说的“人”是作为活动主体存在的“现实中的个人”。

大学生道德素养培育主体指处于社会之中参与和实施相关认识活动和实践的个体，他们既是发起道德素养培育活动的关键人物，又是这些活动的落实者、承担者。传统的道德素养培育观念更注重教师的主体地位，而围绕单一主体所落实的道德素养培育从根本上来说是孤立的、专断的，它可能会让道德主体极端化。在这种情况下，自我的主体性与他人的主体性互相排斥和否定，并且会形成他人的主体地位具有不可转移、不可分享的观念。

依照马克思主义的观点可知，主体是人，所有教育活动都应当围绕人展开。从本质上来说，人并非抽象的孤立存在，而是所有社会关系的总和。人应该承认自己是主体，并且按照人的样子来组织世界，这是因为人的本质是人的社会关系，否则，这种社会关系就以异化的形式出现。马克思主义认为自由自觉的生命活动使人区别于动物。因此，教育活动也是主体的人“有意识”的活动。在大学生道德素养培育活动的整个系统中，教育管理者、教师、大学生是三个基本构件。

教育管理者的主要职责在于营造优良的教育氛围及教育环境。环境潜移默化地影响着个体的发展。大学生道德素养培育的环境系统涵盖三个方面：物质文化环境、制度文化环境和精神文化环境，它们彼此联系，又具有相对特质。物质文化环境指外显的、可见的教育设施。制度文化环境指高校所推行的各种规则与制度。精神文化环境是大学生道德素养培育环境的关键，它具有突出的价值导向作用。而教育管理者的主体作用能够在上述诸环境的塑造和搭建中得到确认和加强。

在大学生道德素养培育活动中，教师是主要的教育者，教师的行为作风、思想水平等在很大程度上决定了大学生道德素养培育的水平，从而直接影响着大学生的道德发展状况。通常而言，教师的优良师德、严谨教学态度及与人为善的待人原则会对大学生带来明显的积极影响。在对大学生道德素养进行培育的过程中，教师除了要扮演教学活动实施者的角色，还要扮演组织者、策划者、研究者等角色，即教师在整个大学生道德素养培育的过程中保持着独立自主的身份。因此，在大学生道德素养培育中，教师是不可或缺的主体。

在大学生道德素养培育的所有活动中，大学生既是培育对象，又是培育目的。大学生道德素养的形成与提升离不开大学生自身的理性选择。在知识习得、人格完善及综合素养提升等方面，大学生应当充分发挥自身的自主性，制定科学的发展目标，积极主动地对教育诸要素加以创建和营造，提出与自身和社会发展相契合的新要素，从而激发潜力，达成既定的价值目标。在大学生道德素养培育活动中，大学生是关键主体。

由此可见，大学生道德素养培育活动中的教育管理者、教师和大学生都是马克思主义认识论中的主体。若是个体仅仅将自身视作绝对主体，只把自身作为终极目的，而将他人看作被利用的工具，那么其自身必然会沦为其他主体的工具。因此，个体要正确地把握主体的意义，也要认识并尊重他人的主体意义。从本质上来说，大学生道德素养培育活动是多极主体共同参与的交互活动。

二、客体要素

（一）客体要素的界定

在对主体概念进行阐释时，其暗含的前提条件就是：存在一个与主体相对的客体。由此可知，客体是和主体相对的一个哲学概念。在大学生道德素养培育活动中，客体指活动的受动者和接受者，是主体的认识及改造对象。

客体既能够指以客观实体形式存在的物质世界，又能够指以精神形式存在的文化世界。尽管文化世界是由作为主体的人所创造的，但它一经创造完毕，就变为与人相对的客体存在，并且能够影响人的发展、制约人的行为。大学生道德素养培育活动将个体作为基点，属于人的活动。因此，主体指的是实施活动的个体或者群体，而客体指的是主体活动的指向对象。

从宏观层面而言，在大学生道德素养培育活动的整个过程中，作为参与者、教育对象的每个大学生个体都始终保有自身的能动性、创造性、自主性，他们从自身思想水平、知识体系、生活经验出发在现实社会和网络环境中发表观点及意见，并在与他人的交往中实现彼此的教育及影响。

大学生道德素养培育的根本矛盾是：在现实社会中，大学生的道德素养现状及其发展所需的道德素养之间的矛盾。在具体实践之中，该矛盾往往表现为教育者及受教育者之间的矛盾。所以，大学生道德素养培

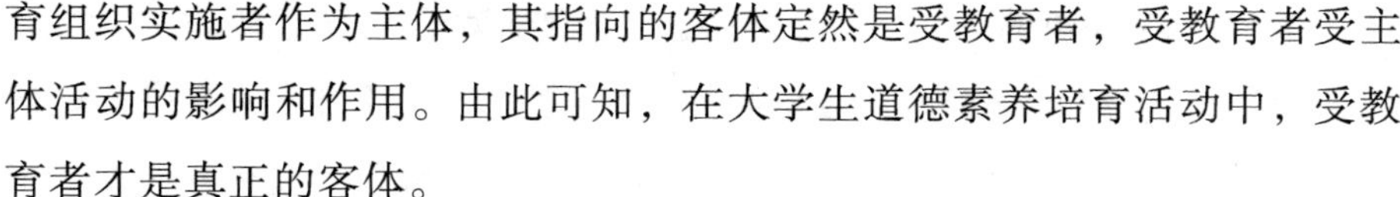

育组织实施者作为主体，其指向的客体定然是受教育者，受教育者受主体活动的影响和作用。由此可知，在大学生道德素养培育活动中，受教育者才是真正的客体。

（二）客体要素的特征

1. 受动性

受动性指在大学生道德素养培育过程中，大学生作为客体必然要对教学过程中的主体的影响和作用加以接受。这是客体的一个显著特点。在大学生道德素养培育中，客体是主体开展认识及实践的客观对象。大学生道德素养培育应当处理好受教育者当前的道德素养水平与教育者的客观要求之间的矛盾。开展大学生道德素养培育活动的目的在于令大学生拥有更高的道德素养水平。

2. 可塑性

在大学生道德素养培育活动中，客体的可塑性指通过接受主体的影响和培育，大学生的思想道德行为能够出现教育主体所预期的改变。正因为客体具有可塑性，大学生道德素养培育工作才有了存在和实施的意义与价值。

大学生的道德素养培育并不能一步到位，需要大学生在学习和实践的具体过程中逐渐塑造并提升。人的道德素养结构是三维立体的，包含心理、观念和行为三个方面。其中，心理是基础，观念是核心。所有个体道德素养的培育和塑造，往往都始于其内在的情绪、直觉、感受等心理活动。人的心理活动发展到特定阶段变得成熟，之后就会形成思想观念。个体的思想观念往往通过其行为呈现出来。大学生道德素养培育的整个过程就是主体借助介体给客体施加影响，从而令其心理结构发生改变，促使其树立正确的思想观念，依照正确的行为准则行事。

3. 主动性

在大学生道德素养培育中，客体指所有接受道德素养培育的大学生个体，他们有着鲜明的自主意识。在大学生道德素养培育活动的实施过程中，大学生能够自行对教育活动传达的思想观念的正确性、合理性进行判断，如果认同那些思想观念，他们就会积极学习和内化。所以，大学生道德素养培育应当立足于实际生活，让教学内容贴近大学生的现实生活，从而有效地激发大学生的主动性，促使大学生道德素养培育实现预期目标。

三、介体要素

（一）介体要素的界定

介体是大学生道德素养培育的主体与客体相互联系、相互作用的中介因素，主要包括大学生道德素养培育主体作用于客体时的教育目标、内容及方式。教育者通常会借助教育活动来影响和改变受教育者的思想及言行，而在教育过程中，教育者和受教育者之间需要借助介体实现彼此的联结，故而说介体在大学生道德素养培育过程中是必要因素。这里所说的介体可以划分成两种，物质介体和精神介体。物质介体指大学生道德素养培育过程中主客体传递教育信息时所运用的物质手段及内容。精神介体指大学生道德素养培育过程中主客体传递教育信息时所运用的精神手段及内容。

以介体所发挥的作用为依据，可将其分为两种类型：直接介体和间接介体。直接介体指在大学生道德素养培育活动中，主客体在传递教育信息时所使用的直接的手段与内容，如讲座、演讲、相关研究报告等。间接介体指主客体在传递教育信息时所使用的间接的手段与内容，它通常是指各种隐性的教育手段及教育内容。

从历史发展阶段来看，大学生道德素养培育的介体可以分成两种类型：传统介体和现代介体。传统介体指较长时间以前就已经使用的大学生道德素养培育的介体，如报告、报纸、会议等。现代介体则指伴随现代科技发展而逐渐涌现出来的有着鲜明时代特征的培育介体，如网络等。传统介体应当将新的时代内涵、时代精神纳入其中，现代介体则应将历史传统移植其中，互相借鉴、取长补短、共同提高。

要明确的是，唯有实现物质介体和精神介体、直接介体和间接介体、传统介体和现代介体的结合，才能够将介体的作用充分发挥出来，让大学生道德素养培育工作更具时代特征，强化大学生道德素养培育活动的实效性。

（二）介体要素的特征

大学生道德素养培育介体的本质特征是中介性。此种中介性具体有如下三种表现。

1. 关联性

介体是实现主体与客体连接的纽带，若离开了介体，主客体之间的沟通与教育效果就会大打折扣。

2. 传导性

介体负责对教育过程中的思想信息进行承载和传递，在大学生道德素养培育过程中发挥导体作用，促进主体和客体之间思想信息的沟通。

3. 互动性

有了介体，主客体之间才可以形成双向互动关系，介体的存在能够促进主体和客体之间的双向互动关系。

四、环体要素

（一）环体要素的界定

环体指开展大学生道德素养培育的具体环境。环境对大学生道德素养培育活动的内容、形式、结果等方面有很大的影响，若大学生道德素养培育工作缺失了环体要素，那么其过程定然流于表面，给人以生硬、机械之感，其所获得的效果也可想而知。因此，环体要素是开展大学生道德素养培育工作必备的要素。明确大学生道德素养培育环境的重要性，并对其展开深入探究，对于大学生道德素养培育工作的开展具有突出的现实意义。

通常人们所说的环境主要涵盖自然环境、社会环境和精神环境。自然环境会在一定程度上影响个体的道德素养，但其所产生的影响并不大，对个体道德素养影响较深的当属社会环境。所以，此处所说的大学生道德素养培育环境指的是社会环境。

以不同的标准为依据，可将大学生道德素养培育环境划分为多种类型。

1. 宏观环境、中观环境和微观环境

以环境的影响范围为依据，可以将大学生道德素养培育环境划分成宏观环境、中观环境、微观环境。

宏观环境又称大环境，指在一个社会中居于主导地位的政治、经济、文化等，是对大学生道德素养培育及大学生思想和言行产生影响的种种社会环境，它往往会对中观和微观环境起到一定的制约作用。

中观环境指能够对大学生道德素养培育和大学生个体的思想和言行带来影响的特殊阶段和重要背景，涵盖青年组织、家庭社区、企业等因素，以及能够影响个体思维层面的传媒、网络等。中观环境会对微观环境产生直接影响，并在宏观环境和微观环境之间起到有效的连接作用。

微观环境又称小环境，指那些直接和个体生活产生密切关联的局部环境，如校内的班级环境、大学生个体的家庭成长环境等。微观环境是宏观环境发挥影响力的重要前提条件，又反作用于中观环境和宏观环境。

在实际的大学生道德素养培育过程中，这三种类型的环境彼此联系，共同对大学生个体的思想和言行产生影响。

2. 良性环境和恶性环境

以性质为依据，可以将大学生道德素养培育环境分为良性环境和恶性环境，这两种环境催生了顺境和逆境。

通常而言，良性环境能够积极推动大学生思想道德水平的提升；而恶性环境则对大学生思想道德水平起着负面作用。但不同性质的环境对大学生道德素养水平的影响并非绝对的，在特定条件下两者可能会相互转化，从而令最终的教育效果发生改变。另外，因为不同个体的主观能动性存在差异，所以在同样的环境下，不同个体道德水平提升的程度也各不相同。

3. 开放环境和封闭环境

开放环境指大学生道德素养培育活动可以和外部实现信息沟通及行为交换的环境。封闭环境指大学生道德素养培育活动不存在和外部进行信息沟通及行为交换的环境。

开放环境和封闭环境之间不存在明确的界限，尤其在现代社会条件下，人与人之间、地区与地区之间、国家与国家之间的往来比以往更加密切，因而环境有了更高的开放程度。

从客观的角度来说，在现代社会，营造封闭环境难度较大。从本质上来说，大学生道德素养培育环境应当被视作开放环境。

4. 现实环境与虚拟环境

现实环境指影响人们思想和行为的诸多现实因素的总和。虚拟环境指以网络为载体所建立起来的虚拟社区或者虚拟空间。在虚拟环境下，人们能够以匿名状态实现和网友交流，这种交流和现实生活中的交流存在较大差异。目前，研究虚拟环境对人们思想和行为的影响及其对策，是现代大学生道德素养培育工作的重要课题。

（二）环体要素的特征

1. 条件性

教育环境是高校开展大学生道德素养培育工作的必要条件，若不具备教育环境这一条件，教育活动就无从开展。大学生道德素养培育环境的条件性通过以下三方面表现出来：一是具体性；二是综合性；三是历史性。

具体性指大学生道德素养培育环境应当是现实存在的、具体可感知的，若没有了实际环境，那么培育活动就会变得极为空洞；综合性指大学生道德素养培育环境会提供多方面的条件，这些条件共同促进培育活动的实施，让培育活动更加丰富多彩；历史性指培育环境是随着时代和社会的发展而不断变化的，所以我们要用发展的眼光看待大学生道德素养培育活动的环境，既要看到其在历史过程中所发生的种种变化，又要在继承过往优良因素的基础上不断对培育环境、内容及形式等方面进行改革创新。

2. 社会性

人的本质特征是社会性，社会环境是个体生存及发展不可或缺的因素。人生来处于社会之中，唯有在社会环境下实现发展才能够实现个体天性的释放。

对大学生的道德素养进行培育，是为了更好地推动大学生个体的社会化进程，让他们在社会环境中生存的同时自觉遵守其中的道德规范。大学生个体要想形成良好的道德素养，必然先明确社会道德规范，以此作为行动指引，之后再通过接受高校的道德素养培育，切实树立起科学的价值观。大学生道德素养培育的价值源于个体的社会实践，这从根本上而言是人类交往的需要，即人的社会性需要。因为处于社会中的个体不仅要谋生存，还要实现自身的发展。若在道德培育过程中不重视个体的社会性，那么培育活动就无法取得预期效果。

3. 层次性

大学生的认知及实践能力会随着自身知识及经验的增加而有所提升，其道德素养也会在其成长过程中不断发展。他们在成长过程中对社会道德规范会有更深的理解和把握，并且能够在实践中自觉地依照这些社会道德规范行事。

不同个体在思想道德水平以及道德情感、道德行为等方面存在差异，所以不同个体有着不同的思想道德需要层次。因此，大学生道德素养培育活动的实施应涉及不同层次和阶段，而不是让所有大学生接受完全相同的引导和教育。举例来说，不同个体有着不同的文化水平，其理论解读及内化能力存在差异，因此其认知速度及对知识的吸收程度也不同。不同个体的需要层次不同，因此构建起多元立体的大学生道德素养培育体系，才能切实提升道德素养培育活动的针对性，从而取得更好的教育效果。但在分阶段、分层次实施道德素养培育活动的同时，教育者还要清晰地认识到不可割裂不同阶段、不同层次教育活动之间的联系，不可将它们完全独立开来。换言之，虽然大学生个体对道德素养有着不同的需要层次，教育者也能够对不同层次大学生的教育内容进行适当地调整和修改，但从根本上来说，这些教育内容都应当始终坚持社会道德规范的基本价值导向。

第三节　新时代大学生道德素养培育的交往视域

一、主题立论维度

大学生道德素养培育始终秉持相互性理念，在此种理念的引导下，个体要承认他人的价值，这是一项基本的道德要求。换言之，人的发展可以视作人的个体化与社会化的辩证统一过程，在对个体进行道德素养培育时，必须兼顾人的社会性本质与人和社会的关系。个体道德素养的保持与践行是个体和社会相互作用的结果，个体在社会中所开展的种种人际交往活动是其道德素养得到提升的重要条件。

大学生道德素养培育，一方面追求大学生个体的自我完善与自我发展，另一方面追求自我与他我之间的和谐。对于个人的道德品质而言，自我确定、自我完善与自我发展是个人道德实践和生活的基础，而任何人的个人幸福都不能建立在损害他人的个人幸福之上。

贤明有德的人可能在考虑更广泛的社会和道德因素后，选择牺牲私人利益，以成全自己所属的某个阶级或团体的利益。他也可能牺牲某个阶级或团体的利益，以成全更大范围的国家利益。所以，他同样也不会反对，牺牲那些次要的利益，让全世界获得更大的利益。这意味着个人道德素养的实践、生活方式的选择与社会群体的共同生活能够彼此协调，也应该彼此协调。

大学生道德素养培育是和个体的人格、道德、品行等密切相关的一种教育活动。个体的人格、道德、品行等并非凭空形成的，而是在与他人的交往中逐渐得以塑造和成形的。大学生道德素养的提升也恰恰是通过不同主体之间的相互交流来对个体施加影响而实现的。个体在对某些道德方式、道德观点有所认识和了解之后，才有可能实现对更多美德和规则的内化，并以此为依据规范自身行为，令自己成为真正的道德主体。由此可知，大学生道德素养培育中的理解包含反思性与互动性的因素，是主体的人与人之间的相互理解。这种理解作为交往实践基础上的协调性的精神活动，是多元主体间由对话产生的“相互承认”（承认他我和自我有平等的地位、权利）和“相互信赖”（交往各方可以相信和依赖）的“认同过程”。

综上所述，大学生道德素养培育从个体主体性走向交往时代的共主体性（或称交互主体性、主体间性）是现代社会对人性发展的要求，也是当代大学生道德素养培育发展的必然。

二、现实生活维度

道德素养培育是对受教育者进行思想道德的教育，也是对受教育者特定的素质（如各种品质和能力等，尤其是时代发展所需要的品质和能力）进行培养的教育。道德素养培育情况由当前的政治、经济、文化等诸多因素综合决定，换言之，道德素养培育的重要任务是为当前的政治、经济、文化等的发展而服务。所以，大学生道德素养培育活动具有突出的时代性，随着时代的发展其内在诸多要素也会做出相应改变。

目前，我国各领域正处于改革发展的重要时期。在此种背景下，肩负着价值文化传递及创新使命的大学生道德素养培育也必然会经历前所未有的变革。因此，大学生道德素养培育应当密切关注时代发展动态，保持与时代发展的同步性，从而快速实现大学生道德素养培育的现代化。

依照交往理论，大学生道德素养培育活动要充分承认并尊重大学生个体的自主性、独立性，切忌在培育过程中忽视大学生的情感感受，纯粹地进行理论内容的灌输，要充分挖掘大学生的潜能，调动大学生的主动性，让他们从主观上产生学习相关内容、探究相关问题的意愿。若强硬地将书本知识灌输进大学生个体的头脑中，而不引导他们展开探究、分析与判断，那么他们往往会持有“书本上的内容绝对正确”的想法，而无法依据事实做出正确判断。若在培育过程中掩盖社会中真实的矛盾和问题，那么这种教育活动无疑具有割裂性，切断了课堂和现实社会之间的关联。如此一来，整个培育过程就脱离了实际，会对个体人格完善及社会建设造成严重的负面影响。

依照交往理论，大学生道德素养培育工作要从真实环境出发，在不违背大学生自然个性的基础上，对其进行培育和思想教育。以生活视角看待道德素养培育，有利于令道德素养培育活动返璞归真，不发生教育方向的偏离，与之相对应，在基于现实生活所开展的大学生道德素养培育活动中，教育者和受教育者不再处于主客体的对立地位，而是成为具有平等关系的双主体。在此种教育活动中，教学不再是僵化的说教，而是真正从受教育者的实际生活出发给予指引、帮助，令大学生道德素养培育具有更加突出的针对性。

在生活实践中，社会主义市场经济、政治、文化等与交往理论视域下的大学生道德素养培育相耦合。

社会主义市场经济在决策和行动方面讲求独立和自主，它的出现让个体更注重自身发展，更注重保护及维持自身的主体性。社会主义市场经济对人的主体地位予以承认和尊重，鼓励人们为实现个人价值而奋斗，这是时代精神对人们提出的要求。另外，在社会主义市场经济条件下，人们能够在彼此平等的基础上进行沟通和交流，能够自主选择恰当的实践方式，为人们意识到自身的主体地位提供了重要的驱动力，人们因此变得更加自立、自强、自主。这些都为高校落实大学生道德素养培育活动创造了有利条件。

全球化背景下，人类交往无论是在广度还是在深度上都较以往有了明显的提升。国际范围内的交往和实践将人们置于庞大的全球交往网络之中，让个体与世界上更多的人产生关联，让个体拥有更加广阔、更加复杂的社会关系，而这些无疑都能够让个体具有更加突出的能动性和自主性。也恰恰是在不同主体的交往过程中，个体能够实现和其他人在情感、思想等层面的交流，从而令自我变得更加充实和丰富，从而推动自身持续发展。一方面，处于全球网络中的个体能够较为自由地传送和接收信息，其作为人类的自主性、独立性得到充分尊重。另一方面，在信息时代，政治、文化等内容强有力地渗透进个体生活，让个体在思想和价值观方面有更大的选择空间。切实提升道德素养培育活动的有效性，令个体形成完整的人格和优良的内心秩序，才能塑造文明社会，形成先进的社会文化。

第二章
中外大学生道德素养培育的比较研究

中华民族历来是一个重视道德素养的民族，尤其在社会主义核心价值观逐渐深入人心的当下，道德素养的培育更需要我们每个人予以重视。在世界联系日益紧密的今天，我们不仅应该提高本民族的道德素养，也应该把本民族的道德文化传播到世界各地，促进世界的文化交流。为推动我国道德教育的发展，本章对中外大学生道德素养培育进行比较研究。

第一节　中国大学生道德素养培育

经济和科技不断发展，社会生产力不断提高，随之而来的是社会对人才要求的不断提高。社会环境作为一个外在因素，无时无刻不影响着大学生的思想观念、道德水平、行为态度等。

大学生青春昂扬、朝气蓬勃，他们的很多思想观念是积极向上的，但我们要认识到，社会飞速发展的今天，不少社会矛盾也给大学生带来了或多或少的冲击，有些大学生还未走出校园，就已经出现了消极避世的心理。

一、道德素养培育的理念

教育是为了传承与发展文化，是只有人类才有的智慧和行为。任何一个国家的教育传统与整个文化传统一样，都有一个发展的过程。一定的历史时期有一定的文化传统，相应地，也有一定的教育传统。这种教育传统受当时的政治、经济及文化的影响。

中国道德素养培育的传统理念也是在中国社会变革中不断变化的，一方面接受符合时代要求的先进的教育思想和制度，包括外国的和本国创造的教育思想和制度，另一方面受到传统教育思想和制度的影响。

在经济飞速发展的今天，有许多全新的道德素养培育理念和多元化的道德素养培育价值观，这是21世纪大学生道德素养培育的一个鲜明特征。追求个人价值、知识、社会的和谐发展等已成为21世纪大学生道德素养培育理念的价值取向。

（一）全面教育理念

全面教育指为促使人的身心得到全面发展而实施的教育，即促进受教育者在德智体美劳方面都得到发展的教育思想与实践。

古今中外的大部分思想家、教育家认为，人应该是一个全面的人，教育的目的就是要培养全面的人。早在中国的春秋时期，孔子就提出要培养“志于道”的“士”，“道”被儒家阐释为“在明明德，在亲民，在止于至善”的完美人格修养。在古希腊，亚里士多德曾提出培养“体、智、德”和谐发展，“真、善、美”三位一体的“完善的人”。马克思科学概括了人的全面发展的理论内涵和实现条件，从辩证唯物主义和历史唯物主义出发科学阐释了人的全面发展的含义。马克思的人的全面发展学说同以往的不同在于，他从分析现实的人和现实的生产关系入手，指出了人的全面发展的条件、手段和途径，使之从一个浪漫主义理想成为一个完整的科学理论体系的重要组成部分。全面教育理念在今天依然占据相当重要的地位。

（二）可持续发展教育理念

可持续发展教育是指20世纪80年代末90年代初，伴随可持续发展战略的提出而产生的教育思想，主张提高人们对可持续发展战略的认识，形成可持续发展理念，养成可持续发展的态度与能力，进而转化为具体行为。可持续发展教育理念是一种尊重自然规律和人自身发展规律的先进理念，强调对自然权利的保护和对人类自身发展需要的尊重，能够协调自然与人类的发展。

可持续发展教育强调教育为经济与社会的可持续发展服务和教育自身的可持续发展。可持续发展教育理念用于大学生道德素养培育，即通过道德素养的培育实现个人的可持续发展，通过道德素养的培育实现社会的可持续发展。这要求国家不仅要积极培养具有可持续发展理念的相关人才，也要把这种可持续发展理念向全社会推广。高校更是要利用自己的场地和资源优势，将相关的道德素养知识传授给大学生，政府部门也要推动社会主义精神文明建设。

（三）以大学生为本理念

传统教育是以教师为本位的，大学生的学习是在教师的安排下进行的，在教学活动中，教师的行为是整个教学活动的主体，而大学生的学习多是被动的。

20世纪70年代，美国高校出现了注重大学生的办学思想，即“以大学生为本”的教育理念。所谓“以大学生为本”，首先，它明确了大学生与高校的关系，即大学生作为消费者进入高校，在一定意义上大学生成为“买方”，高校则成为“卖方”；其次，它更加关注大学生的权利，即大学生应具有获取知识、选择专业、选择教师和安全保障等权利；最后，它提出了高校改革的目的在于不断完善自身的培养模式和教育教学方法，以适应大学生发展的需要。

（四）开放教学理念

开放教学理念可以追溯到儒家的“有教无类”。“有教无类”是指人不分类别、不分贵贱、不分民族、不分国别，所有社会成员都享有受教育的权利。这一理念成为其后两千多年中国教育的基本精神。“有教无类”理念使当时社会形成了学习的风气，也使当时的文化普及和文明开化程度远远走在了世界的前列。在信息技术迅速发展的今天，远程教育已成为传统教学的重要补充，开放教育的发展有了更广阔的空间。

二、大学生道德素养的主要内涵

大学生道德素养的主要内涵是多方面的，不仅包括传统的道德规范，还包括现代社会所倡导的核心价值观和个人品质。大学阶段是学生形成世界观和人生观的关键时期，高校在培养学生专业能力的同时，也非常重视对学生道德素养的培养，以期培养出德才兼备的社会主义建设者和接班人。

（一）优秀传统道德文化的回归

我国的儒家思想对后世影响深远，尽管不同时代的文人墨客对其内涵的解释不同，但他们始终赞同将道德素养的培育工作放在首位。儒家文化注重人的品行和修养，强调以德为先。无论是在《论语》《中庸》中，还是在《孟子》《荀子》《礼记》中，我们都能找到比较完整的论述个人德行的言论，这对我们现在道德观的形成起着重要的作用。

儒家学说重视现世的个人境界的提升，儒家学说的精神内核使我国的思想道德文化能够更加饱满，而这种辉煌的文化内涵塑造了中国人正直豁达、积极向上、自强不息的优秀品质。

近年来我国综合实力有所增强，我国的国际地位也有所提升，国家越来越重视国学的普及，很多高校开设了国学社、汉服社等社团，积极倡导大学生学习中国传统文化，传承优良的文化传统。

经济全球化、文化多元化成为世界趋势，在这种大背景下很多外来的道德观念和文化传入中国，冲击着大学生的思想道德观念。外来文化中的糟粕内容影响着大学生的思想，但是，传承数千年中华文明的深厚根基和传统教育成果共同发挥作用，促使那些出现思想问题的大学生重新树立科学、正确的价值观，并在此基础上真正认识到中华文明及传统美德的优势所在，自觉地对这些人类优秀的文明成果进行宣传和弘扬。

儒家学说中关于道德的观点虽然有其不全面的地方，但它却具有极强的借鉴性，能够给予我们很多启迪。生活在当下的我们，依然可以从儒家的道德观点中收获很多。

（二）崇尚理想人格

要想成为一个品行良好的人，就需要在成长过程中尽可能多地接触品质优良的思想政治课程。我国历来重视个人品质和人格的培育。“立德”“立言”“立功”是古代士人及每一位有抱负的人的毕生追求。儒家学说认为文人志士的道德目标应当是谦谦君子、忠义之士等，要不断提升自身的境界和格局，形成一种理想的人格。

大学生崇尚理想人格主要体现在他们对中国特色社会主义的坚定信念、价值观的多元化以及在理念与实践结合上的努力。

1. 对中国特色社会主义的坚定信念

大学生通过学习和生活体验，坚定中国特色社会主义道路自信、理论自信、制度自信、文化自信。这种坚定信念是他们树立正确理想信念的重要前提。

2. 价值观的多元化

在多元社会思潮的影响下，大学生的价值观呈现出多样化的态势。他们在主体与客体、现实与理想的张力中寻求个人价值的实现，尽管可能会受到多样化价值取向的冲击，但这也是他们形成独立思考和批判性思维的过程。

3. 理念与实践的结合

大学生努力将所学知识与实际行动相结合，追求知行合一。他们精力充沛，敢于尝试和创新，同时也在学习如何塑造自己的品格，使思维与行为更加统一，以提升自己的自觉性和责任感。

大学生在崇尚理想人格的过程中，既展现了对社会主义核心价值观的信念，也体现了他们在价值观多元化背景下的独立思考，以及在理念与实践结合上的努力和人格的塑造。这些特点共同构成了当代大学生的理想人格特质。

（三）追求平等

民主思想的普及使人们更加注重人与人之间的平等，大家主动将这种平等的观念落实到生活的方方面面，追求更高层次的人格和精神上的平等共存、相互理解、相互尊重等，把自我与他人放到一个平等的层次来观察。

传统的道德素养培育理念是将受教育者作为客体，而教育者是主体，这使受教育者在道德素养培育过程中始终处于被动的地位，缺乏平等性、民主性。在道德素养培育过程中，人与人之间如果没有起码的平等，就难以发生真正的交往，也就达不到道德素养培育的目的。

当今社会非常重视大学生道德素养的养成，对大学生的道德品行提出了很高的要求。高校应当设置高质量的思想道德课程，帮助大学生树立正确的世界观、价值观和人生观，高校教师更要坚持以人为本的做法，与大学生进行平等的交流和沟通，循序渐进地引导他们养成高尚的人格。

三、大学生道德素养培育的倾向性问题

虽然当下的道德素养培育工作取得了一定的成效，但是出于各种原因，大学生的道德素养培育工作仍然存在一些问题，这些问题亟待解决。

（一）重智育，轻德育

当今社会对人才提出了更高的要求，大学生要想在职场上立足，必须有过硬的专业能力。因此，大学生非常重视专业知识的学习和专业能力的提升。但部分大学生因为长期忽视道德素养培育的重要性，在学习和生活中有以下表现。

1. 过分强调学业成绩，忽视课程中的德育元素

部分大学生将主要精力放在提高学业成绩上，认为这是未来就业和职业发展的关键，必须付出努力。同时，他们忽视了那些与道德教育相关的课程或活动，认为这些课程或活动“实用性”不强，没必要学习。

2. 缺乏社会责任感

重智育、轻德育的态度导致部分大学生缺乏对社会责任和公民义务的认识，参与志愿服务等公益活动的积极性不高，导致部分大学生缺乏社会责任感。

3. 以自我为中心

部分大学生以自我为中心，更关注个人利益，而较少考虑他人的感受或社会公共利益，因而难以与他人建立良好的关系，缺乏社会责任和道德担当。

4. 法律意识薄弱

尽管受过高等教育，但一些大学生的法律意识和法治观念并不强，缺乏对法律规定的了解。

（二）注重实惠，缺少理想信念

部分大学生非常重视短期利益，忽视未来的发展，他们只顾眼前的利益，没有长远的打算，缺乏远大理想。

在选择专业和职业道路时，部分大学生可能更看重未来的薪资水平和职位晋升机会，而不是基于个人兴趣或以为社会贡献为出发点。甚至在参加课外活动时，部分大学生更倾向于那些对就业有直接帮助的经历，比如优先选择能增加就业竞争力的实习岗位，而不是公益活动。即便很多大学生参与了高校开展的志愿服务，其中部分大学生是为了“评优评先”、为了在干部竞选中更加有利等，而不是为了回报社会、帮助他人。部分大学生对社会问题和公共事务态度冷漠，不愿意参与那些无法直接转化为个人利益的公益活动或社会责任项目，这都是注重实惠、缺少理想信念的具体表现。

（三）强调自我，忽视他人

部分大学生过于强调个人感受，忽视集体和他人，将自我与集体割裂开来，只顾自己的利益和发展，忽视了集体的利益和发展。

个别大学生受成长环境的影响，如过度溺爱、缺乏良好的社交示范，缺少团队合作的经历，可能更加关注自己的需要，而不太考虑他人的感受和需要。

某些文化或社会环境可能更强调个人主义和个人成就，进而促使人们更倾向于强调自我。例如，在高度竞争的环境中长大的人，可能习惯为了个人的成功而不择手段，包括牺牲他人的利益。

大学生将实现自己的理想作为奋斗目标是值得提倡的，但个人的成长是建立在时代背景下的，个人需要将自身的发展建立在国家的需要之上，只有将自身的发展和理想的实现与国家的发展联系起来，才能使个人的成长之路更加平坦，才能让自己的未来更加美好。不能为了自身利益置国家利益于不顾，这对自身的发展和个人世界观、人生观、价值观的形成都有不利影响。

（四）理论联系实际不足

如今部分大学的德育课程存在不同程度理论脱离实际的问题，使大学生难以将道德素养的理论与实际生活结合起来，不能用所学知识解决现实生活中的实际问题。

一些道德素养培育活动过于形式化，不但耗时而且收效甚微。同时，大学生在道德素养培育课程中较少有直接参与活动、探究问题和深入体验的机会，这导致他们没有真实的体会，仅仅依靠课堂上的说教难以引起情感上的共鸣。

有些教师认为大学生道德素养培育是德育教师的责任，这种观念影响了道德素养培育课程与其他课程的融合，影响道德素养培育工作的实效性。

随着互联网的发展，大学生在网络上的行为缺乏有效的引导，导致出现网络空间的道德失范现象。

（五）重管理，轻教育

高校有一定的管理职能，但更主要的是教育职能。高校自身的管理体系和管理制度是为高校的教学工作服务的。但是如今部分高校出现了重管理轻教育的现象。

部分高校教师只注重管理课堂纪律，把课堂当作教师单方面“输出”的场所，忽视了大学生能否真正掌握课堂所学的内容。同时，使用的教学手段和方法有时过于保守，缺乏创新，缺少互动性，使道德素养培育工作枯燥乏味，难以激发学生的学习兴趣。在强化管理途径的过程中，部分教师忽视了多元化的教育手段，教育效果也不尽如人意。

个别教师的德育观念未能与时俱进，导致教育内容和方法跟不上社会发展的步伐，在一定程度上影响了学生的全面发展。个别院校辅导员等教学辅助人员也缺乏一些基本的道德素养培育知识，在日常的辅助教学与管理中对大学生道德素养的关注度不够。高素质的道德教育师资队伍是提高道德教育水平的关键，如果师资力量不足，将直接影响教育质量和效果。

（六）显性教育相对完善，隐性教育明显不足

显性教育与隐性教育是大学生道德素养培育工作中两种不同的教育方式。显性教育指教育过程中诸要素均“暴露”出来的一种教育形式。显性教育往往采用直接、正面的教育方式，其目的在于让大学生在短时间内接受某种观点。隐性教育指教育过程中诸要素为“隐藏”状态的一种教育形式。隐性教育往往是间接的、侧面的，在教育方式上多采用渗透式、迂回式，其目的在于让大学生在长期的教育熏陶中接受某种观点。

在这两种教育方式中，高校更加注重显性教育，而在一定程度上忽视了隐性教育。这是因为显性教育往往能够收到立竿见影的效果，而隐性教育的效果则要在较长一段时间之后才得以显现。但从大学生的道德观念形成与发展的角度而言，隐性教育更能在大学生群体中形成较强的感召力，更容易取得长期、良好的教育效果。应当指出的是，目前，高校对隐性教育的重视程度不够，且尚未探索出有效的隐性教育途径。

第二节　国外大学生道德素养培育工作

虽然世界各地的大学生所处的国家和政治环境不同，自身的价值观、世界观和人生观不同，但是他们都希望在向成年人过渡的阶段找到未来的方向、明确自身的责任与价值。因此，国外的道德素养培育工作对于我们仍有一定的借鉴意义。

一、国外大学生道德素养培育工作的特点

国外大学生的道德素养培育工作往往是通过高校乃至社会舆论的方式进行的，具有很强的隐蔽性和社会性。例如，国外大学生的道德素养培育

往往以博雅教育、普通课堂中的理性思辨的方式进行，这往往能对大学生的思想和价值观产生重要的影响。

（一）政治性

教育往往带有比较强的政治性。它作为一个国家上层建筑的重要部分，能够反映一个国家的国民素养和政治倾向，能够体现一个国家统治阶层的意志。在这种背景下，西方大学生道德素养培育的目标是培养服务和忠诚于资产阶级占统治地位的社会的“合格公民”。

英国的德育思想立足于为新兴的英国资产阶级培养新人。此后，西方的德育工作在资产阶级的思想灌输和政治文化宣传方面从未松懈过，其政治家、教育家非常重视利用各种手段和途径宣传、灌输资产阶级的政治思想和价值观。这种灌输在内容、形式、方法等方面都具有很强的渗透性，效果也十分明显。

美国的培养目标是好公民、合格公民、民主公民等，其实质是强调大学生必须具有“国民精神”，培养具有民主理念和民主行为的道德成熟的公民。美国道德素养培育工作的政治性要求表现为培养公民的爱国精神和守法精神。爱国精神和守法精神被看作社会制度在道德素养培育中的体现。培养遵守法律和忠于美国制度的公民是美国道德素养培育的最终目标。

（二）适应性

国外高校对大学生道德素养培育主要基于两个需要，一是社会需要，二是大学生的发展需要。因此，大学生道德素养培育表现出极强的适应性。

西方道德素养培育工作非常注重教育内容的层次性，大学生从入学到毕业的几年间需要循序渐进地学习道德素养知识。不同年级、不同专业的大学生有不同的教学方案，使大学生对现实中的道德问题有更多的了解和关注，从而为树立正确的职业观奠定基础。很多西方高校开设一些专门讨论职业道德与现实利益冲突的课程，以帮助大学生树立正确的价值观，让他们能在未来的工作中坚守自己的职业操守。

（三）渗透性

西方很多高校对教育在各学科、各种活动的渗透作用极为重视，主张以这些学科和活动为载体加强对大学生的道德素养培育。普通课程、博雅教育、自由教育中也承载了很多道德方面的内容，能够在一定程度上推动大学生道德素养水平的提升。自然、人文、技术等相关科目也将道德素养培育的内涵纳入其中，以开阔大学生视野、净化大学生心灵等。不同学科的教育与思想道德教育存在互通之处，学科教育能够潜移默化地对人们的品德意识、行为等产生重要影响。所以，很多西方国家推行寓德于教的方法。

二、西方大学生道德素养培育工作的具体表现

（一）教育理念

经济实力较强的国家往往很重视大学生道德素养的培育，因为大学生的道德素养水平关乎国家未来的发展方向和整体的治安水平，影响着其政治与经济目标的达成。各国的教育理念各有侧重，但通常强调以下几个方面。

1. 个人责任和社会责任

西方道德素养培育工作注重培养大学生的个人责任感和对社会的责任感，鼓励大学生在做出决策时考虑其对社会的影响。例如，将学习与社区服务相结合，使大学生在参与服务活动的过程中发展技能和学习知识，同时鼓励大学生对社区问题进行深入思考，并采取实际行动来解决这些问

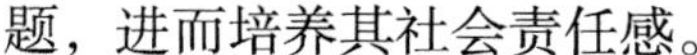

题，进而培养其社会责任感。

2. 批判性思维

西方教育鼓励大学生发展批判性思维。例如，通过开放式问题、案例研究等激发大学生的思考，鼓励大学生从多个角度分析问题，鼓励大学生通过讨论和辩论发表自己的见解，进而探索不同的解决方案，形成不同的观点。

3. 公民意识

西方国家通常将公民教育作为培育核心价值观的路径，通过长期的公民教育实践，使核心价值观被社会大众普遍接受。许多西方大学提供公民教育相关课程，如政治学、法学、伦理学和社会学等，这些课程旨在帮助大学生理解公民权利与责任、民主原则、法律体系及社会正义等概念。

4. 道德发展的阶段性

西方道德教育理论认为，个体的道德发展经历不同的阶段，教育应该适应这些发展阶段，以帮助大学生逐步提升道德水平。西方大学会基于心理学家如皮亚杰（Jean Piaget，1896—1980）等的发展理论设计课程和活动，以满足大学生在不同发展阶段的认知需要和道德需要。而课程内容和教学方法则根据大学生的年龄和认知水平进行分阶段设计，以确保他们在适宜的发展阶段接受相应的道德教育。

综上所述，西方大学生道德素养培育工作强调个人责任和社会责任、批判性思维、公民意识和道德发展的阶段性。这些理念旨在帮助大学生发展成具有较高道德素养和社会责任感的公民。

（二）教育内容

西方国家对大学生的道德素养培育非常重视，正因为这样，西方大学在道德思想的相关课程中增加了多样化的内容，如公民教育、伦理道德教育等，使用了互动式教学、研究性学习等方法，旨在帮助大学生建立全面的道德观，提高他们在现实世界中应对复杂道德问题的能力。

一般来说，西方大学生道德素养培育包含三个方面的内容。

首先，西方大学生道德素养培育包含基本的道德内容，且这些内容在不断丰富和发展。这些基本的道德内容不仅包含世界观、人生观、价值观的教育，也包含政治教育、爱国教育、法治教育、职业道德教育等。

其次，西方各国更加重视大学生民族意志和全球视野的培养。出于对社会安定和国家发展的考虑，西方大学更加重视大学生的人格养成，如正直勇敢、爱国忠实等品质，这些是重点培养的内容。

最后，道德品质的培育不断向其他方面扩展，如更加重视大学生的心理健康教育、人权意识教育、消费观念教育等。

（三）教育方式

西方大学在对大学生进行道德素养培育的过程中会不断丰富教学模式与教学方法，也会更加注重道德理论与实际情况的结合，鼓励大学生将更多的精力投入社会实践与志愿服务中，鼓励大学生将自己学到的道德素养知识运用到实际生活中去。西方大学往往将思想道德教育渗透到各个学科当中，用这种潜移默化的方式帮助大学生树立正确的道德观和价值观，这种方式具有很强的隐蔽性和实效性，能够让大学生自然而然地接受积极的思想道德观点。例如，美国的大多数高校十分注重美国精神的教育。在教学中，教育者与受教育者双方地位平等，师生是朋友关系，教师以引导启发、联系实际为主，寓教于乐，避免直接灌输使大学生产生逆反心理，注意培养大学生独立思考及创新的能力。

（四）教育途径

很多西方国家的德育课程突破了传统的课堂讲授模式，德育课堂往往能将社会问题与家庭矛盾结合起来，让课堂内容更加丰富饱满，也能够让大学生更加自然地接受这些观点。

西方国家在道德素养的培育上有一个共性：它们能够使道德素养的培

育以高校为核心，不断向外部的空间辐射，让道德素养传播的效果更加有效、更加自然，这种隐蔽的形式也不容易让大学生产生反感和逆反心理。西方大学也有类似我国德育处这样的管理机构，这些机构肩负着培养大学生道德素养的重任，它们往往具有专业的师资团队、合理的管理制度、较好的外部设施和专业的心理咨询师，能够保证日常德育工作的顺利进行。

西方大学进行大学生道德素养培育主要是通过以下几方面来完成的。

1.课堂教学

美国高校设置了一系列的道德素养培育类课程，进行广泛的公民权利与义务教育及国民精神教育等，同时把道德素养培育渗透到文理各科教学中。英、法等国家专门设置了德育课，运用内容生动、形式多样的教材，培养大学生观察、分析道德问题的能力及体谅他人、为他人着想的观念。

2.课外活动

西方国家善于组织课外活动，利用校园环境、校园生活来潜移默化地影响大学生。西方国家越来越重视隐蔽教育对大学生思想品德形成的作用，力求课堂学习与环境教育活动相一致，校园环境与社会环境相一致，校内生活的伦理准则、价值观与社会相一致，以帮助大学生更好地适应社会。

3.严格要求

英国高校对大学生衣食住行的规定全面且严格，导师对大学生的要求也非常严格。美国高校的大学生管理体制非常健全：通常由一名副校长分管纪律和道德方面的工作，主管大学生工作的训导主任或指导员担负着大量具体的教育、管理工作，聘请专业顾问、社会工作者、心理咨询专家、心理治疗专家等来解决大学生在学校出现的问题。

4.校外实践

高校或社区借助大众媒体，积极组织社会实践。其目的是让大学生在实践中亲身体验、感受生活、内化知识、增强责任感，受到潜移默化的影响，以适应社会发展的需要。

第三节　中外大学生道德素养培育的比较与启示

道德素养的培育对于大学生来说至关重要，做好大学生的道德素养培育工作既能保证国家的长治久安，也能为国家的未来发展奠定良好的基础。我国改革开放的顺利进行和新时代各项工程的成功建设都离不开公民良好的道德素养，公民的道德素养培育为我国的发展做出了重要贡献。将中外大学生道德素养培育情况进行对比研究，能够及时发现我国大学生道德素养培育中出现的问题，及时对大学生道德素养培育工作进行调整。

一、中外大学生道德素养培育工作的比较

（一）目标定位

大学生道德素养培育工作的目标决定着国家未来的发展方向。不同国家的道德素养培育目标有着一定的共性。

1. 培养爱国精神和民族自豪感

美国公民教育最重要的目的就是要求大学生树立“美国国民”的意识。日本也希望通过德育培养具有纯正的爱国心和具有觉悟的国民。

2. 重视个性发展和人格完善

日本提出了“个性尊重”“发展个性”，使大学生成为“具有坚强意志的自主独立的个人”。

3. 加强心理健康教育

为培养大学生良好的心理素质，美国等西方国家设有专门的咨询指导机构，其中心理辅导的道德素养培育功能较为明显，其主要职能是通过开展心理咨询、心理教育等，对大学生的生活、学习、心理进行全面指导。

现阶段我国大学生道德素养培育的目标是依据马克思主义关于人的全面发展理论和社会主义发展的客观规律而制定的，主要是培养大学生遵守社会公德和公民道德，使其具有良好的社会主义道德品行，提倡以国家、人民和集体利益为重的集体主义精神，以及大公无私、毫不利己、专门利人的共产主义道德品质。根据各级各类高校的不同特色，我国对各级各类高校的德育工作提出了不同层次的要求。

（二）教育内容

中外大学生道德素养培育都包含丰富的内容，但国情不同，道德素养培育的侧重点和内容也有所区别。尤其是宗教改革之后，国外的道德素养培育脱离了宗教的束缚，更加关注大学生的内心世界和个人的发展，强调对大学生进行富有人文主义思想的道德教育。

而我国的道德素养培育吸收了马克思主义思想和中国特色社会主义理论，具有中国的本身的特色。例如，我国的大学生道德素养培育强调社会主义核心价值观，包括富强、民主、文明、和谐、自由、平等、公正、法治、爱国、敬业、诚信和友善等，这些价值观体现了中国特色社会主义的理论成果和实践要求。我国的大学生道德素养培育内容中融入了中华优秀传统文化，如儒家思想中的仁爱、礼义、诚信等美德，以及中华民族的团结互助、勤劳勇敢等精神。

大学生道德素养培育必须坚持正确的立足点。没有正确的立足点和坐标系，就不会得出正确的、科学的结论，也就不能很好地对大学生进行道德素养培育。

（三）教育方法

不同国家在道德素养培育方面所采用的具体方法是不同的，这是因为不同国家的国情存在一定的差异。

总体而言，当代西方大学的道德素养培育活动十分注重培养大学生的道德认知及实践能力，它们会采取综合性的方法，包括直接教学及政策引导、社会影响等，促进公民对其核心价值观的认同与内化。受儒家文化的影响，我国在道德素养培育方面十分注重对“启发教学”“因材施教”“循序渐进”等方法的运用，并且这些方法也确实发挥出了重要作用。但是，目前我国高校德育工作取得的效果并不理想，这与对文化传统和教育传统重视不足有关。

（四）价值取向

长期以来，由于中外大学生道德素养培育受到各自文化背景的影响，其价值取向也不同，主要表现在确定道德素养培育目标和内容的指导思想方面。我国重视社会和集体的利益，把促进社会的发展放在道德素养培育的首位；多数西方国家则强调以“个人为本”即“个人第一”，重视个人的自由和权利，把促进人的发展放在道德素养培育的第一位。

西方国家的大学生经历了一系列发展历程：理性主义、新人道主义、实用主义、存在主义等。理性主义将智力开发视作教育本质，认为道德素养培育的功能在于为大学生智力发展营造优良的外部环境。新人道主义则将自由存在视作人的本质，认为实施道德素养培育活动是为了传授给大学生更多的学术知识，丰富大学生的学术经验。实用主义则指出真理和认识能够促使人们的行动走向成功，并认为实施道德素养培育活动的目的在于帮助大学生对现实问题进行妥善处理。存在主义指出每个人都要对生活负责，认为实施道德素养培育活动的目的并不是对大学生的行为进行规范和约束，而是助推大学生实现成长。

我国的大学生道德素养培育旨在帮助大学生树立正确的价值观和人生观，帮助大学生了解我国的历史，让他们对未来中国的发展树立坚定的信念。

（五）从业队伍

西方国家的大学生道德素养培育由大学生事务工作队伍完成。一方面，西方国家的大学普遍设有高等教育大学生行政专业硕士点，开设了“大学集体活动”等系列集理论与实践于一体的课程，培养了大批高水平的硕士和博士。从事大学生事务的工作人员大多是取得了教育学、心理学、精神病学等专业硕士学位、博士学位的专家或学者，专业性和权威性有保障。另一方面，根据岗位职责，西方国家的大学又将从事大学生事务工作的人员分为初级岗位、中级岗位、高级岗位，对不同岗位人员的聘任和晋升都有明确的要求。一般情况下，申请初级岗位的人员应具备心理咨询、大学生事务实践、大学生发展等专业的硕士学位。申请中级岗位的人员不仅要拥有相关领域的博士学位，还要有一定的实践经验。申请高级岗位的人员必须具有丰富的大学生道德素养培育实务经验。大学生道德素养培育必修课程则由具有博士学位的大学生事务方向的研究者负责。

我国大学生道德素养培育的工作者主要是高校的思想政治教育教师和辅导员，他们一般具备全面的政治素质、专业能力、沟通与引导能力、组织协调能力、较强的心理素质和法律法规意识。这些条件有助于他们更好地履行职责。

二、中外大学生道德素养培育的利弊

将我国的大学生道德素养培育工作与西方国家的青年道德素养培育工作进行对比，能够让我们清楚地认识到我国大学生道德素养培育的一些不足之处，也能明确我国道德素养培育未来发展的方向。

西方国家的大学生道德素养培育模式的优势主要表现在以下几个方面：第一，高度的专业化有利于大学生个性的发展；第二，运作模式的市场化有利于提高大学生的自我成才能力；第三，大学生道德素养培育工作具有突出的科学性、实效性，有助于大学生法治修养的提升；第四，西方国家主张管理自主化，为大学生提供了自我管理的机会，有助于大学生自我管理能力的提高。

西方大学生道德素养培育主要有以下几点不足之处：第一，价值取向中的“个人本位”“实用主义”倾向使大学生容易出现相应的人格问题；第二，学分制管理不严格，无法确保所有大学生的道德素养都能够达到一定水平；第三，暴力问题及其他违法问题的频繁出现从侧面说明了西方国家大学生道德素养培育模式存在待完善之处。

我国大学生道德素养培育模式具体有如下优点。一是在重视社会本位的前提下能够兼顾大学生的个性发展；在强化共性教育、集中教育的同时也不忘落实素质教育；既注重提升大学生的个人能力，又注重培养大学生的大局意识和奉献精神。二是采取了条块结合的管理模式，在人才培养方面发挥着重要作用。三是搭建起了全面、完备的培育体系，将高校的思想教育主阵地的功能充分发挥了出来。四是采取适应性学分制，以符合不同水平大学生的学习情况。

我国大学生道德素养培育模式具体有如下不足：第一，部分培育工作者本身学历不高，且工作队伍成员有着较大的流动性，这些都阻碍了大学生道德素养培育工作的进一步发展；第二，大学生道德素养培育的服务功能并未得到充分发挥；第三，日常琐碎事务占据了道德素养培育工作者的大量时间和精力，使他们无法对大学生创新能力的培养予以充分的重视；第四，道德素养培育工作在管理方面未实现机制化和法治化。

三、对我国大学生道德素养培育的启示

西方国家的大学生道德素养培育的成果值得我国借鉴，我们应该取其精华，去其糟粕。

（一）加强爱国主义教育

爱国主义是中华民族五千多年来生生不息、绵延不绝的精神命脉，以爱国主义精神凝聚广大青年为实现中华民族伟大复兴不懈奋斗是中国共产

党百年奋斗的重要经验。

大学生正处于世界观、人生观、价值观不断成熟和逐步完善的重要阶段，但他们面临的外部环境日趋复杂，面对的人民日益增长的美好生活需要和不平衡不充分的发展之间的矛盾日益加剧，面临的网络信息碎片化与去中心化的挑战日益严峻。为此，教育部门不仅应当制订出合理的教学计划和教学大纲，也要学会利用中华优秀的精神文化遗产，制定出具有中国特色的社会主义道德素养培育课程，并结合当下的时事热点，加强爱国主义教育。

第一，要着力加强认知教育。大学生的爱国情感是真挚而朴素的，却也存在模糊不清的地方。要强化大学生的认知，就要同时加强历史教育和实践教育，遵循大学生的成长规律，将爱国主义教育真正融入大学生的日常生活，激励大学生在实践历练中增长经验和才干，消除学生在爱国主义方面的认知误区和思想困惑。

第二，要让大学生理解当下的国情，了解当下阶段的规划和发展目标，使大学生逐步明晰自身的角色定位和人生目标，以及个人与国家、小我与大我的紧密关系。

（二）开展社会实践

首先，在校内有计划、有目的地组织各种科技活动、文体活动等，积极培养大学生良好的道德情操、意志品质和生活情趣；在校外组织大学生积极开展社会调查、科技文化服务等活动，促进大学生了解国情、了解社会主义建设和改革开放的实际，增强其社会责任感和使命感。

其次，应在教学、科研、管理等各领域有机地融入道德素养培育的内容，采取渗透性的方法，对大学生进行潜移默化的教育。

最后，现代道德素养培育是一个庞大的社会工程，需要高校、家庭和社会的共同努力。将当地政府、教育行政部门、企事业单位、大学生家庭，以及所属社区、高校紧密联系起来，加强高校、家庭、社会之间的联系，形成校内外目标、方向一致的道德素养培育体系，使大学生在这种大道德素养培育环境中不断提高社会公德、家庭美德和职业道德水平。

（三）注重主体性道德素养的培养

培养主体性道德素养的教育暗含一个内在要求——顺应大学生自然个性，回归生活本真，给大学生一个宽松真实的外部环境。

首先，在大学生道德素养培育过程中要强调大学生个体的观念和行为，确认道德的形成和发展是个体理智选择的结果。道德的发生、发展与个体智慧的发展是平行的，是相互制约、相互影响的。

其次，在大学生道德素养培育过程中要重视个性、发展个性，注重大学生的智慧潜能，促进大学生个性的完善和全面素质的提高。

最后，在大学生道德素养培育过程中，应尽量使用生活化的道德素材引导大学生思考，通过鼓励大学生自由探索、自由表达，加强大学生对生活中道德问题的关注、思索与实践，并在反思、批判、革新的过程中提高道德选择力、自主能力和创新能力。

（四）促进大学生道德素养培育途径的多样化

很多国外的大学能够将大学生道德素养的培育与大学生的日常社区服务结合起来，将道德素养知识融入日常的志愿服务中，让大学生做到知行合一。我们也可以以此作为突破口，让大学生道德素养培育的途径更加多样化。

首先，必须始终不渝地坚持灌输原则。灌输是道德素养培育实践的本质，而不是教育方法层面上的概念，要克服把“灌输”理解为某种具体的方式方法而非道德素养培育实践的本质的错误认识。在新时代，必须创新灌输方法，拓展灌输空间，讲求灌输效果。在灌输中必须关注教育对象的学习与生活实际、教育的环境、教育的实效性等，坚持以大学生日常生活实际为教育的核心。

其次，注重“显性教育”与“隐性教育”、“灌输”与“渗透”的结合。既要注重系统的理论学习，使大学和教师在道德素养培育中发挥积极的作用，又要充分激发受教育者的积极性、主动性和创造性。在进行公开、正面教育的同时注意教育方式的自然性和隐蔽性，把教育融合在教师良好的言谈举止中。

最后，营造宽松氛围，使大学生在丰富多彩的活动和宽松的氛围中陶冶情操。随着社会的快速发展，大学生受教育的环境和大学生的心理特点都发生了很大的变化，更加具有开放性，更加注重个性的充分发展和个人价值的充分实现。这就要求道德素养培育工作要适应大学生心理特点的变化，积极营造开放和谐的教育环境，注重物质环境与精神环境的和谐，让大学生在宽松的环境中形成良好的道德素养。

（五）注重大学生道德素养培育的实效性

我们应当重视大学生道德素养培育的时效性，这对于国家未来的发展起着重要的作用。

首先，提高认识，加强立法，强化政府的领导作用。政府在大学生道德素养培育中有着不可替代的作用，因此政府要加强立法，将大学生道德素养培育工作摆在高校各项工作之首，保证思想教育工作得以全面深入地进行，加大大学生道德素养培育的力度。这种尊重法律和程序的精神，既是法治社会的必然要求，也有助于提高大学生道德素养培育工作的实效性。为此，政府应做好以下几方面的工作：一是要确定大学生道德素养培育的方针政策，做到旗帜鲜明、坚定不移、一以贯之；二是要实行坚强有力的组织领导；三是要调动全社会的力量积极参与，配合高校抓好软硬环境建设，做好教师队伍和家长的教育培训；四是要进行制度文明建设。

其次，大学生道德素养培育要适应时代变化，积极进行调整，重实际、重实效，要摒弃形式主义，采取切实可行的措施。这就需要强化道德素养培育的时代性。

最后，道德素养培育要关注社会发展的新趋势、新问题，及时调整教育的内容和方法，使之更具时代性和针对性。例如，当前社会普遍关注的环保、公民道德等问题，都应该成为大学生道德素养培育的重要内容。此外，还要注重道德素养培育的实践性。道德素养培育不仅仅是传授道德知识，更重要的是通过实践来培养大学生的道德行为。因此，高校应该加强与社会的联系，为大学生提供更多的实践机会，让他们在实际生活中践行道德规范。

第三章
大学生道德素养培育的原则和内容

2021年新修订的《中华人民共和国教育法》规定："教育必须为社会主义现代化建设服务、为人民服务，必须与生产劳动和社会实践相结合，培养德智体美劳全面发展的社会主义建设者和接班人。"教育必须为社会主义现代化建设服务、为人民服务是新时代我国教育的根本宗旨。培养德智体美劳全面发展的社会主义建设者和接班人是新时代我国教育的根本目的。因此，推动人的全面发展是社会主义教育的本质要求，也是如今大学生道德素养培育的终极目标。

培养全面发展的人作为我国教育方针的重要内容，始终被置于重要的位置，指引着我国教育事业的发展方向，保障了整个教育事业的健康发展。我们要以现阶段人的全面发展的特征和要求确立大学生道德素养培育的价值和目标。

大学生道德素养培育的效果，直接影响着大学生的整体发展，从而影响社会的发展。因此，教育者应在重视大学生科学文化素养的同时，重视大学生的道德素养。

第一节　大学生道德素养培育的基点

人的本质是人的社会属性，而不是人的自然属性。人的道德良知是在发展过程中逐渐形成的，人与社会的联系也是在发展过程中逐渐形成的。

道德素养培育工作的开展是为了提高人的道德素养、促进人的发展，是一种人的社会实践，因此，在开展道德素养培育活动时，应以人为基点。

一、大学生道德素养培育的逻辑起点

人是社会的组成部分，是社会存在的前提。但是，人并不是孤立的、抽象的，而是活生生的、现实的。人在社会生活中，要受到一定社会关系的束缚，是自然性、意识性、实践性的集合体。因此，大学生道德素养培育要以人的本质为逻辑起点。

关于人的本质，主要包括三个方面的内容，即人的本质在于人的社会性、人的本质是全部社会关系的总和、人的本质是不断发展的。

（一）人的本质在于人的社会性

人是集自然属性、社会属性、精神属性于一体的。人的自然属性是人存在的前提，也是其他属性存在的基础。人的社会属性是人在长期的发展过程中逐渐形成的，是人之所以为人的关键因素，也是人作为人存在的根本属性。人的精神属性是指人具有精神思维和精神意识的特性，它体现了人的高级存在形式。人的社会属性是人作为人存在的根本属性，其主要原因有以下几个方面。

1.社会关系的体现

人的本质在于其真正的社会关系，这些联系不是抽象的力量，而是个体自身活动、生活等的具体体现。这表明，人存在的实质是与他人建立和维护的一系列社会关系。

2.集体活动的必要性

社会性是个体在集体活动中所表现出的有利于集体和社会发展的特性。人是社会性生物，不能脱离社会而孤立生存。这种社会性是人类社会得以形成和发展的基础。

3. 生产活动的依赖性

人的生产活动具有社会性，这意味着个体的生产和创造活动是在与他人的合作与交流中进行的。这种合作与交流不仅是物质生产的基础，也是文化、知识和技术传承的途径。

4. 生活方式的社会性

人的生活方式、习惯、价值观等都是在社会互动中形成的。这些社会性的生活方式是人类区别于其他生物的重要特征之一。

5. 自然属性与社会属性的统一

虽然人既有自然属性又有社会属性，但社会属性是人的根本属性。这是因为人的自然属性，如生理需求和本能，只有在社会环境中才能得到满足和发展。

（二）人的本质是全部社会关系的总和

社会生活是复杂多样的，包含经济、政治、思想、文化等内容。人的本质是社会关系的总和，这一点在人的实践、社会关系以及历史发展中得到体现。

1. 实践

实践是人的本质活动之一，它是人和动物的最本质的区别，也是产生和决定人的其他所有特性的根据。通过劳动，人不仅能够创造物质财富，还能在生产过程中建立和发展社会关系。

2. 社会关系

人的本质不是单个人所固有的抽象物，而是一切社会关系的总和。这些社会关系包括生产关系、经济关系，以及由此产生的政治、法律等社会关系。

3. 历史发展

人的本质不是抽象孤立的，而是在历史的发展进程中不断演变的。每个时代的社会关系都有其特定的历史特征，人的本质也因此具有历史性。

“人的本质是全部社会关系的总和”强调的是人的社会性和历史性。因此，只有将人放在整体的社会关系中进行考察，才能全面把握人的本质。

（三）人的本质是不断发展的

人的本质是不断发展的，这一观点可以从以下几个方面来理解。

1. 社会关系

人的本质是在社会关系中形成和发展的。随着物质财富的增加、生产关系的变革，以及政治制度和法律规范的完善，人的社会关系也在不断演变。这些变化推动着人的本质向更高级的形式发展。

2. 实践

人的实践是不断发展的，通过劳动和其他形式的实践，人们不仅创造了物质财富，也在这个过程中发展了自己的能力和需求。实践的发展促使人的本质力量得到新的证明，人的本质得到新的充实。例如，随着科学技术的进步，人类的生产方式、生活方式及思维方式发生了变化，这些变化推动着人的实践的发展。

3. 历史发展

人是社会和历史的产物，不同的历史时期和社会条件塑造了人的不同社会存在形态。随着历史的推进，人类社会的生产力、生产关系及上层建筑都在不断变化，这些变化反过来又影响着人的本质。

4. 个人需要

人的需要不是静止不变的，而是随着社会的发展和个体的成长而不断变化的。人的需要的不断发展和满足，推动了人的本质的发展。

“人的本质是不断发展的”强调的是人的动态发展性，即人的社会属性不是静态的，而是在不断变化的社会环境中塑造和发展的。这反映了人类社会的进步性。

综上所述，人作为社会的人，其发展是社会化和个体化的辩证统一过程。人们所进行的社会生产不仅是同自然界发生关系，还要与社会其他成员建立良好的关系，只有这样才能进行社会生产。因此，只有将大学生道德素养培育与人的社会关系结合起来，从大学生的社会现实出发来研究大学生道德素养培育，大学生道德素养培育工作才能达到预期的效果。

大学生道德素养培育要回归现实，落实到人的社会生活中，促进人的平等交往、友好互助，从而唤起大学生对道德素养培育的需要，激发大学生对崇高道德的向往，使大学生主动参与道德素养培育活动，最终实现社会的和谐发展。因此，大学生道德素养培育的逻辑起点应为“关系中的人”，将人的现实关系作为前提来开展。

二、大学生道德素养培育的发生基础

道德素养是道德主体在长期的社会实践中，逐渐形成的稳定的道德特质。大学生道德素养培育就是通过发挥人的主体性而进行的道德实践。作为主体的人并不是先天被确定的，而是在长期的历史发展过程中形成的。

动物的生命是直接与自己的生命活动联系在一起的，而对于个体来讲，生命和生命活动是区分开的。人的生命活动主要包括意识对象和个体的意志。有意识的存在是人之所以为人的基础，是人与动物直接区分开来的基础。也就是说，作为主体的人所进行的一系列自由自觉的行动使人区别于动物。人区别于他人的主体性活动是使人成为主体的条件。在各种社会活动中，主体会表现出较强的主体意识和主体人格，通过自己的主体行为去影响其他的主体。因此，道德素养培育活动是不同主体之间所进行的有意识的活动。

开展大学生道德素养培育工作，并不是否定大学生自身发展的主体性。在社会的发展过程中，人们的主体意识并不是独立形成的，而是在长期与他人交流过程中逐渐形成的。现代哲学的交往理论哲学思维转向是人们对现代社会所面临的人际关系异化现象反思的结果，它既保留了个人主体性本身的根本特征，又超越了主体性的自我化倾向，抛弃了它的“唯我性”，消解了近代哲学的那种人与人之间分离的、孤立的、封闭的单一主体存在状态，倡导一种主体间的共同性，强调整体性与和谐性的存在，使人进入一种相互理解、沟通、对话的“共识共存”状态，它是主体性发展的必然。

在大学生道德素养培育中，发挥人的主体性还依赖于人的理性，即要求大学生能够不受外界环境的控制，在冷静的状态下理性地判断和选择介质，真正发挥自身能动作用。于人类而言，道德素养可以被定性为某种具有超越性的追求，这种超越性离不开人类本身所具有的理性。道德素养主体精神的自律是人的理性在道德素养方面的具体表征。依照西方思想家的观点，人类的道德要建立在人性上，若是道德转变成某种约束，那么就违背了其本质。在人性基础上所建立起来的道德人格教育，让个体的精神超越人性和动物性的限制抵达更高的阶段，呈现出一定的超越性特征。人是物质世界的一部分，但同时也拥有自身的理性，恰恰是这种理性催生了道德素养。有理性的个体都应当积极建构道德素养，使自己的思想脱离单纯的动物性层面。这种建构活动间接说明了人类不可满足于现实生活，而是要在现实生活的基础上追求理想和实现自我超越，争取创造出伦理学所主张和揭示的道德生活。在交往理论视域下的大学生道德素养培育中，理性的推崇、个性的突出，使个体获得了独立的品格，体现了理性的光辉，确证着人的本质力量。

第二节　大学生道德素养培育的目标

大学生道德素养培育的目标是提高大学生综合素质的关键，其对培养高素质的人才来说是重中之重。

一、促使“他我”意识的觉醒

西方学者认为，要将自身看作具有身体和灵魂的人，自己在自我意识的世界中与他人共存。一方面，自己把他人体验为一个世界对象，而不只是自然物（尽管从某些方面来说，他人也是自然物）。他人的确也是作为在属于他们各自所属的自然身体中心地起支配作用的人而被体验到的。所以，作为心理物理学的对象，特别是当他们与身体相结合时，他们就是“在”世界“中”的。另一方面，自己把他人体验为对这个世界来说的主体，他人同样能体验到这个世界，以及那些单纯的自然物（尽管从某些方面来说，他人也是自然物）。

这个观点强调了“他人”是与“我”相对而言的，是“我”本人的一种“映现”，在“我”的“经验世界”里，并不单单将“他人”限定为存在于世界中的一个对象，而是将“他人”看作与“我”共同存在、共同生活并且共同构成这个世界的共同主体，并且是处于平等地位的，而且要从第三人称的角度出发来理解自己，换位体验。一言概之，“他人”在“我”的意识世界里被“我”看作与“我”一样平等地存在着的主体。通过另一个主体，“我”能够学会将自己理解为一个处在人群之中的个人，正是“他人”教会了“我”从第三人称的视角出发来理解自己，“我”不仅是当下体验的主体，也是一个向各种方向发展着的人格结构之主体，并且根据西方学者的观点，“我”的人格性是在交互主体间构成的。

大学生道德素养培育就是要消除单一的自我中心主义，促使大学生形成“他我”意识，即在主体自身的意识观念体系中确立“他人”就是另一个“我”，一个与“我”平等的、有着密切社会关系的主体。

二、构筑成熟的心态结构

心态也就是心理状态，对人的思维和行为具有一定的支配和导向作用，能够综合体现人的观念、思想和感情。心态结构是影响道德素养的重要因素之一，能够引导人的道德素养的形成，指导人的社会实践。

健全的心态结构主要由三部分组成，即知、情、意。

（一）对“知”的理解

“知”指人在社会实践中能动地反映客观事物的心理活动，它包括感觉、知觉、表象、思维等形式，主要指认知活动、认识能力。它是在人通过后天的学习和实践而在认知方面形成的较为稳定的心理特点，包括观察力、记忆力、想象力、注意力、思维力这五个基本要素。

大学生需要注重观察力、记忆力、想象力、注意力和思维力的提升。这些能力相互联系，共同作用于大学生的道德认知、情感和行为表现，能够帮助大学生在复杂多变的社会环境中做出合乎道德的决定。

（二）对“情”的体验

情，即情感，是人心态结构中的重要组成部分，与人的理智相互联系、相互制约。认知产生情感，理智又会引导人们控制情感。情感具有定向、调节和驱动的作用。

情感可以影响个体的注意力和认知焦点，从而指导其行为朝向特定的目标或对象。例如，积极的情感可能使人更倾向于寻求创造性解决方案和探索新的可能性。

情感能够调节人的动机状态和行为强度，影响个体对活动的投入程度。例如，愉悦的情感可增强人对某项活动的兴趣和参与度。

强烈的情感体验可以激发人的内在动机，推动个体采取行动。情感认同感也可促使人为了实现某个共同目标而努力工作。

（三）对“意”的认识

人的意志是心态结构中的一种非理性因素，是人们在目标的驱使下对自己的行为进行调节，从而帮助自己克服在前进道路上遇到的各种问题，使自己的行动结果能够达到预期目标的一种心理过程。

人的意志与人的需要、意愿、目的是紧密联系在一起的。大学生作为推动社会发展的主要动力，一定要有自己明确的目标，从而获得源源不断的动力来实现它。

由此可见，知、情、意是紧密联系在一起的，它们共同形成一个完整的心态结构，并在人的发展过程中发挥作用。大学生道德素养培育的具体目标之一是帮助大学生构筑成熟的心态结构。道德素养的提升有助于大学生形成更加成熟和稳定的心态，而成熟的心态结构又能够促进大学生的道德行为的养成，增强社会责任感。通过教育和个人努力，大学生可以在道德和心理层面实现全面发展，成为社会需要的高素质人才。

三、培育正确的价值取向

人们的价值观和价值取向是由多种复杂因素共同决定的，这些因素相互交织，共同塑造了个人的道德标准和行为准则。大学生作为社会中的一大群体，对社会的发展具有重要的推动作用，他们的价值观和价值取向也会对社会产生重要影响。因此，在大学生道德素养培育中，要帮助大学生树立正确的价值观和价值取向。

（一）价值判断和选择的重要性

社会快速发展，人们的生活方式、文化观念、价值观等相应发生变化，在这种背景下，大学生需要具有较强的价值判断和选择的能力，这对个人和社会的发展都具有重要意义。

价值判断和选择为个人提供了行为准则，帮助大学生在面临道德困境或选择时，能够做出符合自己价值观的决策。这种指导有助于个人遵循一定的道德标准，实现自身目标。相似的价值观有助于个体建立信任和亲密的人际关系。价值判断和选择在人际互动中起着黏合剂的作用，有助于大学生找到志同道合的朋友和伴侣。

社会规范和法律往往基于普遍接受的价值判断和选择。这些规范和法律有助于维护社会秩序，确保个体的行为有利于社会的和谐与稳定。价值判断和选择是文化传承的重要载体，通过代际传递，可以保持文化的连续性。同时，新的价值观的形成也是文化发展的动力。

（二）价值判断和选择的现实意义

大学生正处于道德素质形成和转变的关键时期，他们的价值判断和选择将对未来的个人发展和社会进步产生深远的影响。提升大学生的价值判断和选择的能力具有重要的现实意义。

1. 促进个人成长

大学生面临多样化的学习机会和生活选择。提升价值判断和选择的能力有助于他们做出更明智的决定，从而促进个人的全面发展和成长。

2. 培养社会责任感

大学生作为社会的中坚力量，其价值观会影响未来社会的发展。通过提升他们的价值判断和选择的能力，可以培养他们的社会责任感，使他们更加关注社会问题并积极参与社会建设。

3. 增强职业准备

在职业选择和职业态度方面，价值判断和选择能力的培养有助于大学生更好地规划自己的职业生涯，选择与自己价值观相匹配的工作，提高工作满意度和职业成功率。

4. 适应多元化挑战

面对全球化带来的文化多样性和复杂的社会问题，大学生需要具备跨文化的沟通能力和解决复杂问题的能力。提升价值判断和选择的能力有助于他们更好地适应这些挑战。

5. 促进创新和发展

价值判断和选择能力的培养可以激发大学生的创新精神，鼓励他们在尊重传统的同时勇于探索新的领域，为社会发展做出贡献。

（三）培养大学生的价值判断和选择能力

培养大学生价值判断和选择能力是一个复杂的工程，需要多方面的努力。

1. 加强教育引导

高校应开设相关课程，如伦理学、哲学、社会学等，引导大学生思考和探讨价值观问题，培养他们的批判性思维和独立思考能力。

2. 创建多元文化环境

鼓励大学生参与多元化的交流活动，如国际学术会议、外国文化节等，让他们接触和了解不同文化背景下的价值观，促进相互理解和尊重。

3. 提供实践机会

组织大学生参与志愿服务、社区建设等社会实践，让他们在实践中体验不同价值观的碰撞和融合，锻炼他们的价值判断和选择的能力。

4. 加强师德师风建设

教师在大学生价值观形成的过程中具有重要的示范作用。高校应加强师德师风建设，引导教师树立正确的价值观，成为大学生的良师益友。

5. 倡导家庭和社会教育

家庭和社会对于大学生价值观的形成具有重要影响。高校应与家庭和社会合作，形成教育合力，共同为大学生创造良好的成长环境。

四、形成良好的行为模式

道德素养培育工作的开展不仅是为了让大学生吸收和内化道德理论知识，更是为了以理论为导向为大学生的道德实践提供依据，指导大学生的行为实践，并且使大学生在长期的实践中做到知行合一。

（一）良好的道德素养

良好的道德素养包括政治思想素质和伦理道德素养。具有良好道德素养的大学生能够达到以下标准：具有坚定、正确的政治方向，坚持党的基本路线，坚定中国特色社会主义理想信念；具有正确的世界观和科学的人生观、价值观，能够正确处理个人与集体、个人与国家的关系，具有爱国主义、社会主义、集体主义精神；讲究社会公德，注重个人品行。

（二）扎实的业务素养

具有扎实业务素养的大学生在专业知识、实践技能、学习能力、沟通协作等方面表现出色，能够迅速适应工作环境，为企业或社会创造价值。

1. 专业知识

具有扎实业务素养的大学生在专业领域具有丰富的知识储备，能够熟练掌握并运用专业知识解决实际问题。

2. 实践技能

具有扎实业务素养的大学生除了理论知识，还具备必要的实践技能，如实验操作、数据分析、专业软件使用等技能。

3. 学习能力

具有扎实业务素养的大学生具有强烈的学习意愿和自主学习能力，能够不断更新知识体系，适应不断变化的行业需求。

4. 沟通协作

具有扎实业务素养的大学生具有良好的沟通能力和团队协作精神，能够在团队中发挥积极作用。

（三）深厚的文化素养

深厚的文化素养是如今大学生应该具备的基础性素养，是其业务素养发展的基础。大学生的文化素养是多方面的综合体现，不仅包括专业知识和技能，还包括广泛的人文关怀、社会责任感以及自我成长和适应能力。具备深厚文化素养的大学生能够更好地实现个人价值，为社会做出贡献。

（四）健康的身心素质

身心健康是个人发展的基础保障，只有具备健康的身心素质，个人才能获得长远的发展。具备健康身心素质的大学生通常有以下表现。

1. 身体健康

具有健康身心素质的大学生有良好的生活习惯，如定时作息、合理饮食；定期参与体育锻炼，保持良好的体能；注意个人卫生。

2. 情绪稳定

具有健康身心素质的大学生能够有效地管理自己的情绪，能够冷静应对所面对的压力和挑战；有适当的情绪释放方式，如运动、艺术创作等；乐观积极。

3. 心理韧性

具有健康身心素质的大学生在面对困难和挫折时，能够迅速调整心态，积极寻求解决方案；有一定的自我激励能力，能够在逆境中保持动力。当自己无法独立解决问题时，他们愿意寻求帮助和支持。

4. 人际关系

具有健康身心素质的大学生能够建立和维护良好的人际关系，包括与同学、老师和家人的关系；善于倾听，能够理解和尊重他人的观点和感受。

5. 自我认知

具有健康身心素质的大学生对自己有清晰的认识，知道自己的优势和需要改进的地方。

（五）较强的创新能力

创新是促进社会发展的根本动力，因此，培养创新型人才是如今社会发展的核心目标，也是如今大学生道德素养培育的关键内容。大学生具有较强的创新能力是指大学生具有强烈的创新意识、活跃的创新思维，能进行创造性的学习和研究，能带来具有创造性的成果等。

第三节　大学生道德素养培育的基本原则

一、以人为本

以人为本的发展理念不仅对我国经济、政治、文化等具有重要的指导意义，对大学生道德素养培育也有重要影响。在大学生道德素养培育活动中，教育者要按照以人为本的原则来开展活动。

（一）以人为本的具体内容

1. 以人的方式把握和理解人

以人为本的思维方式，强调在看待外界事物和问题时，不仅要从历史的角度出发，更要从人的角度出发，从而确立人的观念、意识和维度。人是有意识的存在，人可以根据自己的需要进行生产。因此，在大学生道德素养培育中，要确立人的尺度，要以人的方式来把握和理解人，而不仅仅将他人视为独立于自身的实体对象。

2. 肯定人的主体作用和地位

社会是由不同的人构成的。人是社会发展的主体，是推动社会发展的根本动力。在实践中，要肯定人在实践中的主体作用和地位，充分发挥人的自觉性、主动性和创造性。在大学生道德素养培育中，教育者要引导大学生树立强烈的自我意识，要帮助大学生认识自身所具有的能动性，使之在实践中发挥自身的价值。

3. 以人为立足点

在实践中，人既是出发点，也是立足点和归宿点。以人为本就是要尊重人、理解人、关心人，将满足人的需要、促进人的全面发展作为出发点。在大学生道德素养培育中，只有坚持以人为本，将人作为道德素养培育活动的出发点，促进不同主体在实践中的沟通交流，才能实现提高人的道德素养培育的目标，真正实现社会的和谐发展。

（二）大学生道德素养培育的人本化趋势

以大学生为主是大学生道德素养培育的人本化趋势，主要表现为以下两个方面。

1. 大学生是实践主体

在大学生道德素养培育中，大学生是实践的主体。要充分发挥大学生作为实践主体的作用，就要注意以下几点。

（1）自主性

尊重大学生的自主选择权，让他们在实践活动中有更多的决定权和自主空间。鼓励大学生根据自己的兴趣和专业方向选择或设计实践活动。

（2）参与感

提高大学生参与实践活动的积极性，让他们感到自己是活动的重要组成部分。通过问卷调查、座谈会等方式收集大学生的意见和建议，让他们参与活动的策划和改进。

（3）实践机会

创造多样化的实践机会，包括社会实践、科研实践、志愿服务等，满足不同大学生的需求，确保实践活动与大学生的专业学习相结合，增强实践的针对性和实用性。

（4）指导与支持

提供专业的指导和支持，确保大学生在实践活动中遇到问题时能够及时解决。安排有经验的教师或专业人士作为导师，为大学生提供技术指导和职业发展建议。

2. 大学生是发展的主体

大学生道德素养培育工作开展的主要目标是促进大学生的全面健康发展。因此，大学道德素养培育工作要为大学生的全面发展和健康成长服务。

第一，要引导大学生正确认识和处理好自觉发展和自发发展之间的关系。自觉发展和自发发展是大学生在发展过程中形成的两种主要的发展形态。在自发发展中，大学生往往缺乏对自身发展的科学认识和自觉意识，其发展的质量受到一定的影响。在自觉发展中，大学生已经基本认识了自身发展的规律，具有较强的自觉意识，能够督促自身的成长与发展。因此，大学生道德素养培育工作要重视帮助大学生掌握自身的发展规律，克服在发展过程中的盲目性。

第二，要引导大学生正确认识和处理好片面发展和全面发展之间的关系。实现大学生德智体美劳各方面素质的全面发展，是大学生成长的客观规律和发展的内在动力。大学生道德素养培育应重视大学生德智体美劳各方面素质的平衡发展，积极引导大学生克服发展的片面性，增强发展的全面性与协调性。

第三，要引导大学生正确认识和处理好现实发展和持续发展之间的关系。大学生发挥个人价值是促进自身的可持续发展，也是保证社会可持续发展的重要基础。要想促进大学生的可持续发展，就要将大学生在发展中的潜力挖掘出来，提高大学生促进自我可持续发展的意识，帮助大学生建立长期的发展机制。因此，大学生的道德素养培育工作应引导大学生将现实发展与长远发展结合起来，克服大学生在发展过程中的短期行为，使大学生能够将社会发展需要和自身发展意向结合起来，为自己制定长期的可持续发展目标，在发展过程中不断对自身的知识结构进行充实和更新，克服自己在发展过程中所面临的种种困难，从而实现大学生自身的可持续发展。

二、交往对话

人作为社会的组成部分，会与其他个体或组织建立各种各样的联系。人的道德素养水平就是在与他人的交往互动中提升的。脱离人与人、人与社会之间的关系来谈论道德素养是没有意义的。在如今的大学生道德素养培育活动中，主体之间可以相互交流，不仅是语言上的交流，更是思想上的交流。主体之间的交往对话有两层含义，狭义上指同一主体内部所产生的思想交流以及不同主体之间所进行的语言交流；广义上指不同主体之间通过信息媒介所产生的思想、情感的交流。交往对话的目的不仅是展示自己的思想、文化，更是在平等的基础上实现双向的交流。

在大学生道德素养培育中，教育者和受教育者之间的交往对话是平等的，双方通过共享思想、道德、精神等，不断完善自己的思想，调整自己的行为，实现双方的共同成长。由此可见，大学生道德素养培育活动在本质上是不同主体之间的交往实践。

三、生活育德

道德素养培育的出发点和落脚点都是人的生活。道德素养培育要从生活出发，最终再回到生活，因为道德是社会生活的重要组成部分，与人们的日常生活紧密相连。

1. 道德源于生活

道德规范和价值观是在社会生活中产生和发展的，反映了人在实际生活中的需要和利益。从生活出发进行道德素养培育，能够更加贴近实际，使道德素养培育更加具体、形象、易于理解。

2. 道德实践于生活

道德不仅仅是抽象的观念或理论，更重要的是它需要在实践中体现。只有将道德应用于日常生活中的实际情境，才能真正体现其价值和意义。因此，道德素养培育需要注重实践性，使大学生能够将所学的道德知识转化为实际行动。

3. 道德影响生活

道德素养对个人和社会都有重要影响。良好的道德素养可以促进人际关系的和谐、社会秩序的稳定和个人的全面发展。通过在生活中践行道德原则，人们能够更好地处理各种关系和冲突，提高生活质量。

4. 道德反馈于生活

道德素养培育是一个不断反馈和调整的过程。通过观察和评估大学生在日常生活中的表现，可以了解他们的道德素养状况，从而有针对性地进行教育和指导。同时，生活中的反馈也有助于大学生自我反思和成长，使之形成良好的道德品质。

综上所述，只有将道德素养培育与实际生活相结合，才能更好地培养大学生的道德素养。大学生道德素养培育回归生活，主要是通过多种教育手段和实践活动，使道德素养培育与大学生的现实生活紧密结合，促进他们全面发展，使他们成为德才兼备的社会人才。

第四节　大学生道德素养培育的内容

一、情感教育

在大学生道德素养培育工作中，情感教育具有重要的作用。教育者通过调动大学生在学习中的情感，能够使大学生获得良好的学习体验，帮助大学生树立高尚的道德情操。情感教育不仅是道德认识转换为道德信念的催化剂，也是道德信念转换为道德行为的推进器。因此，处理情感教育工作，能够促进大学生道德素养培育工作的进行与发展。

（一）情感教育具有潜移默化的力量

情感教育具有潜移默化的力量，能够影响大学生的心灵和行为，塑造大学生的情感世界和精神品质。

1. 情感教育的日常性

情感教育通过日常的互动和体验，对大学生的情感和态度产生潜移默化的影响。这种影响可能不是立竿见影的，却能在不知不觉中改变大学生的情感反应和行为习惯。

2. 情感教育的长期性

情感教育不但能够在短期内影响大学生的情绪状态，而且能够对大学生的长远发展产生积极影响。这种长期性使情感教育成为一种深远的教育手段。

3. 情感教育的内隐性

情感教育注重培养大学生内心的情感体验和情绪调节能力。这些内在的能力和变化不容易被直接观察到，但它们对大学生的学习、生活和人际关系都有着重要的影响。

4. 情感教育的间接性

情感教育往往通过教师、家长和其他社会成员的言传身教来进行。这种间接性的传递方式使情感教育的影响更加广泛和深入。

（二）情感教育有助于建立良好的共鸣与沟通

情感教育有助于大学生建立良好的共鸣与沟通，帮助大学生形成良好的人际关系和社会交往。

1. 情感的传递性

情感具有传递性，能够通过非言语或言语的方式在人与人之间传播。当个体接受情感教育，学会表达和识别情感时，他们能够更好地与他人建立情感联系，形成共鸣。

2. 共情能力的培养

情感教育有助于培养个体的共情能力，即能够理解和感受他人的情感状态。这种能力是人际沟通中不可或缺的，可以帮助人们更好地理解对方的需求和感受，从而促进有效沟通。

3. 情绪调节与冲突解决

情感教育教会个体如何调节自己的情绪，以更加冷静和理性的态度处理冲突和问题。这有助于避免不必要的误解和冲突，增强双方的沟通效果。

4. 社会适应能力的提高

情感教育有助于提高个体的社会适应能力，使其能够更好地融入社会和群体。这对于建立良好的人际关系和有效沟通至关重要。

二、竞争意识教育

竞争意识教育有助于大学生更好地适应社会环境，帮助大学生激发个人潜力，提高综合素质和能力。这不仅对个人的成长发展具有重要意义，也对整个社会的进步具有积极的作用。

1. 适应社会需求

当今社会充满竞争，无论是在经济、科技还是文化领域，竞争无处不在。培养大学生的竞争意识有助于他们更好地适应社会环境，提高他们在激烈竞争中生存和发展的能力。

2. 激发个人潜力

竞争可以激发个人的潜力和创造力。通过竞争，大学生能够充分认识自身的优势和不足，从而促使他们不断学习、进步和创新，实现个人价值的最大化。

3. 增强心理素质

面对竞争，大学生需要具备良好的心理素质，以应对压力和挑战。通过加强竞争意识教育，他们能够增强抗压能力，提高逆境中的应变能力。

4. 培养责任感和使命感

竞争意识的培养有助于大学生树立责任感和使命感。他们会更加珍惜机会，努力实现个人目标，同时为社会的发展贡献自己的力量。

三、创新精神教育

创新教育是如今社会发展对人才教育提出的新要求，大学生道德素养培育工作的开展要紧跟时代发展的要求，积极开展创新精神教育，帮助大学生拓宽大学生道德素养培育的内容。

（一）创新、创业精神教育

随着知识经济的发展，经济和科技之间的竞争不再仅仅是人才数量的竞争，而是人才的创造精神和创新能力的竞争。大学生作为新知识、新领域的接收者和开发者，要充分发挥创新精神，提高创新能力，这不仅是时代赋予大学生的使命，也是我国教育改革的方向和重点。各高校在教育过程中，要注重培养大学生的创新精神、创新能力、实践能力等，将大学生的教育与社会的需要联系起来。

《关于进一步加强和改进大学生社会实践的意见》指出，要积极探索和建立社会实践与专业学习相结合、与服务社会相结合、与择业就业相结合、与创新创业相结合的管理体制。开展针对大学生的创业教育是新时代道德素养培育中的一项新的内容。创业教育与德育教育之间具有较强的关联和共同之处，德育工作在于教授大学生做人的道德规范，提高大学生的道德素养水平；创业教育是道德素养培育的深入化和具体化发展。高校通过开展大学生的创新和创业教育，能够激发大学生的创造力和创新能力，全面地提高大学生的综合素质。

（二）自我教育、自我管理、自我发展的意识教育

创新精神是自我教育、自我管理、自我发展得以实现的动力，而这三者又是创新精神形成和发展的重要条件。在大学生道德素养培育中，要充分发挥大学生的主体作用，培养大学生的自我教育、自我管理、自我发展的意识。自我教育是指大学生在实践中，由于外部环境的变化及自身心理因素的变化，而产生了心理反应，在自我意识的基础上，进行自我认知、自我评价、自我反省、自我调控，通过教育对象内部的思想活动进行的思想转化。高等教育大众化、信息来源多样化，以及大学生就业机制的改革，使大学生面临前所未有的复杂的社会环境。大学生要获得良好的发展，成为社会发展的栋梁之材，就必须全面考察环境条件、自身条件，进行人生的自我设计，确定好人生的成才目标。这就要求大学生必须具有较强的真假善恶判断能力、顽强的毅力和自我控制能力。要做好大学生道德素养培育工作，就要加强大学生自我教育、自我管理、自我发展的意识教育；要坚持教书与育人相结合，坚持高校教育与自我教育相结合，坚持政治理论教育与社会实践相结合，坚持解决思想问题与解决实际问题相结合，坚持教育与管理相结合，坚持继承优良传统与改进创新相结合，使大学生不至于在复杂的社会环境中走入人生的歧途。

四、心理健康教育

随着社会的进步，人们的主体性得到了极大的发展，大学生的思维也变得更为活跃，开始主动获取信息。因此，要重视大学生道德素养培育中的心理健康教育，采取灵活多样的形式，提升大学生的道德素养。

（一）心理健康教育的重要性

心理健康教育对个体和社会都具有重要的价值，有助于提升个体幸福感、促进人际关系的和谐、降低心理问题的风险，也有助于提高工作效率和创造力、预防社会问题的发生、促进社会进步和发展。因此，心理健康教育应该得到广泛的重视和支持。

1.提升个体幸福感

心理健康教育有助于个体充分认识和理解自己的情感、需求和挑战，从而从容地应对生活中的压力和困难。这种自我认知和应对能力的提升，有助于增强个体的幸福感和生活满意度。

2.促进人际关系的和谐

通过心理健康教育，个体能够学会更好地与他人沟通和相处，建立和谐的人际关系。这对于维护家庭和睦、增进友谊、建立良好的工作关系等都具有积极意义。

3.降低心理问题的风险

心理健康教育可以帮助个体及时发现和处理心理问题，如焦虑、抑郁等。通过早期干预和适当的处理，可以降低心理问题对个体生活和工作的负面影响。

4.提高工作效率和创造力

心理健康的个体更容易集中注意力，保持高效的工作状态。此外，他们的思维更加开阔，更富有创造力，这对于个人的职业发展和组织的整体效益提高都是非常有益的。

5.预防社会问题的发生

心理健康问题可能会导致一系列社会问题，如家庭暴力、犯罪等。通过心理健康教育，可以减少这些问题的发生，维护社会的稳定与和谐。

6.促进社会进步和发展

心理健康的个体更有可能成为积极的社会参与者，他们能够为社会的进步和发展做出贡献。这种积极参与不仅体现在个人层面，还体现在组织和社区层面。

（二）心理矛盾与冲突

社会的快速发展增加了外部环境中的不确定因素，使大学生所面对的外部环境更为复杂。如今的社会呈现出明显的多元化发展趋势，新旧观念的冲突、内在发展与外在发展的平衡、历史与现实的碰撞等，给大学生带来机遇的同时，也给大学生带来了巨大的挑战。

大学生的自我意识逐渐增强，他们会主动思考一些问题，具有较高的热情，对生活充满了向往，但他们往往判断力较弱，有时缺少理性。这种现象使大学生产生了一定的心理矛盾和心理冲突，主要表现在以下几个方面。

1.成就欲与挫折感的矛盾

大学生所接触的知识面较广，对于成才的期望也较高，但是多数大学生无法对未来可能遇到的风险进行准确的判断，担心将来会遇到挫折。

2.思想活跃、勤于思考和易浮躁、感情用事之间的矛盾

大学生正处于爱幻想、爱思考的阶段，敢于发表自己的观点，喜欢探索事物的本质。但是由于其涉世不深，缺乏社会经验，做事易冲动，所以容易感情用事。

3.自信心与自卑感之间的矛盾

大学生多是从各种考试中脱颖而出的优秀人才，往往具有较强的优越感和自信心。但是步入大学以后，大学生之间的差距缩小，原本的优势消失了，一旦在学习或生活中遇到挫折，就容易产生自卑感。

4.独立意识与依附心理之间的矛盾

多数大学生在进入大学之前想要摆脱父母的束缚，渴望独立自主，但是在生活上又依赖父母，在学习上依赖老师。

对大学生而言，上述种种心理矛盾并不可怕，处理得当，则能够成为进步的动力。因此，相关工作者应该重视大学生心理健康教育的工作，将心理健康教育引入道德素养培育工作中，为大学生提供有针对性的心理健康咨询，保证他们的身心健康。

五、其他方面

（一）法律法规

法治教育是社会主义民主和法治建设的重要基础工作，是社会主义精神文明建设的重要组成部分，也是大学生道德素养培育工作的重要组成部分。通过法治教育，能够有效提升大学生的道德素养。

法治教育能够使大学生认识法律的重要性以及依法治国的必然性，认清社会主义民主建设的长期性，从而自觉地为维护安定团结的政治局面而努力奋斗。

目前，部分高校已经针对大学生的法治教育开设了法律基础课。课程的开设不仅要让大学生掌握一些法律知识，更要认识到法律在社会生活中的重要性，增强大学生的法律意识和观念，自觉用法律来约束自己的行为，将自己的言行逐渐纳入法治轨道。

（二）道德规范

道德规范是人们在长期的社会发展中，逐渐形成的、能够调整人们利益关系的行为准则。社会主义道德是以为人民服务为核心，以集体主义为原则，以爱祖国、爱人民、爱劳动、爱科学、爱社会主义为基本要求，把社会公德、职业道德、家庭美德的建设作为整个社会主义道德建设的着力点。

大学生应遵守这些道德规范，在开展大学生道德素养培育工作时也应开展道德规范教育。

（三）风俗习惯

风俗习惯是指个人或集体的传统风尚、礼节、习性，是在特定的社会区域内，受地理环境、文化风气等内容的影响而形成的，为历代人们所共同遵守的行为模式和规范，主要包括民族风俗、节日习俗、传统礼仪等。

不同地区有不同的地域文化和风俗习惯，正所谓“百里不同风，千里不同俗”，风俗习惯因地而异。各个地区的风俗习惯是在当地长期发展的过程中逐渐形成的，人们的社会生活是不断发生变化的，因此，其风俗习惯也会随着社会的发展而发生一定的变化，正所谓“移风易俗”。社会的稳定发展不仅需要法律的制约，还需要人们对风俗习惯的遵守。

大学生无论是在学校里，还是在社会上，都应遵守一定的风俗习惯，因此在开展大学生道德素养培育工作时，应注重开展风俗习惯教育。

第四章
人生观、价值观与大学生道德素养培育

大学阶段是一个人心理塑造和价值观养成的重要时期。此时，大学生需要教师在其人生的选择、未来发展的方向、个人生活等方面给予指导。完善的道德素养培育课程体系对于大学生来说是非常有必要的，大学生需要通过这些课程提高自己的道德素养，形成正确的人生观和价值观。

第一节　个人价值的基本含义

价值一词最初是经济学概念，指凝结在商品中的一般的、无差别的人类劳动；后来运用到哲学、社会学、伦理学以及美学等学科中。在哲学上，价值指作为主体的人与作为客体的人和事物之间所存在的一种相互肯定的关系和属性。

正确理解个人价值的含义和内容，确定科学的个人价值的评价标准和原则，确立崇高的个人价值目标，明确实现个人价值的正确途径，对于提高大学生道德素养具有十分重要的意义。

一、个人价值的含义

（一）价值与价值观

在社会生活中，价值与人们息息相关，关系密切。就一般意义而言，价值指某一事物或对象对人们所具有的作用和意义。在社会实践中，人与人始终发生着不同形式的价值关系，由于这些价值关系的存在，人才得以生存和发展。例如，空气和水是人维持生命的必要条件，于是它们就成了人需要的价值对象，这是人的物质需要。人还有精神需要，如亲情、爱情、友情等是人健康成长的情感需要。

价值的概念是从人对待满足他们需要的外界事物的关系中产生的。因此，价值指客体能够满足主体需要即客体对于主体需要的有用性。主体指从事认识活动和实践活动的个体和社会组织；客体是相对于主体而言的，指与主体相联系的被认识、被利用、被改造的对象，包括自然界、人类社会和人类文化。

价值产生于主体的人与客体的物或人的相互关系中，是客体以自身的功能、效用等属性满足主体的人的需要和主体的人以自己的需要对客体的这种属性的认可关系，是客体的属性、功用对人所具有的积极意义以及人对这种意义的追求。

价值观包含人对外界客观存在的看法与评价，可以说价值观是人对万事万物的总的观点和根本看法，它影响着人的人生抉择和信仰，也影响着人的人生进程和为人处世的方式。价值观主要表现在两个方面，一是个体的价值取向，这表现为个人的目标与追求；二是个体对事物的评判标准，它决定着人的思维方式和实践方式。现代社会人们的价值观具有多元性的特点。

（二）个人价值

个人价值是一种特殊的价值，它是指人的存在和实践对于满足社会、他人和自身需要具有的意义。它是人生观的重要方面，也是价值观的重要内容。它包括两个方面的内容：一方面是个人对社会的责任和贡献，另一方面是社会对个人的尊重和满足。

个人价值的两个方面是辩证统一的，没有人对社会的责任和贡献，没有人为社会创造的财富，就没有满足个体物质和精神生活需要的产品，社会就不能存在，也不会得到发展，社会也就失去了对个体尊重和满足的基础，个体就会失去了生存和发展的条件，更谈不上对社会尽义务和做贡献。因此，一个人的人生是否有价值，取决于他在社会上发挥了什么作用，这主要体现在他的行为、思想、品德等方面。

二、个人价值的内容

（一）个人价值与社会价值

个人价值指个体的实践对自己的生存和发展所具有的意义，主要表现为对自身物质和精神需要的满足程度。个体在实践中能够增加自己的物质财富和精神财富，完善与他人的关系。

社会价值指个体对社会和他人存在和发展的意义，是个体对社会和他人需要的实现和满足，主要表现为个人通过劳动、创造对社会和他人所做的贡献。

个体的个人价值和社会价值是统一的。社会是由人组成的，社会的发展需要个体的努力，个体生命的意义也必须通过他对社会的作用来体现和实现。一方面，个体的个人价值是在社会关系中实现的，离开了社会关系，个体的个人价值就不能得以实现；另一方面，社会的存在和发展依赖于个体的存在和努力，社会价值要通过个体的努力来实现。正是由于社会成员追求个人价值，才使社会价值在客观上得以实现。

（二）内在价值与外在价值

内在价值指个体所具有的潜在创造力和劳动能力，它是个体知识、能力、素养的综合统一体。外在价值指个体通过社会实践，把潜在的创造力发挥出来，创造出物质财富和精神财富，以满足他人和社会的需要。

内在价值和外在价值是统一的。内在价值是人生价值实现的准备状态，外在价值是人生价值的实现状态。内在价值是外在价值的前提和基础，它决定着外在价值的存在和大小。外在价值是内在价值的对象化、外化，是内在价值的体现和发挥。内在价值通过实践发挥出来，并不断转化为外在价值；而外在价值又反过来丰富、充实、提高内在价值。两者紧密相连，相互依存。

（三）物质价值与精神价值

个体通过实践创造的价值可以分为物质价值和精神价值。个体所创造的物质价值主要是用来满足自己的日常需要，为自己的衣食住行提供便利。精神价值是个体或集体在精神层面积累的非物质价值，它是个体在面对挑战时的精神支柱，是在物质追求之外寻找意义和幸福的源泉。它有助于提高个体的生活质量，促进社会的和谐与进步。

三、个人价值的评价

（一）评价标准

评价个人的价值一直是一个颇有争议的话题，每个人心中都有一个自己的标准。然而，可以考虑一些具有共性的标准，例如，对社会意识相关的心理活动、社会舆论等方面进行个体动机和成果的评价，并判断个体的过失与成就，总结个体的社会贡献，对其进行肯定或者否定，并对全社会形成一个导向。

个人价值的评价标准是多元化和主观化的，处于不同社会、阶级、文化等中的个体对个人价值的评价有不同的标准。在阶级社会中，评价个人价值的标准是金钱、权势、地位和等级。如曾经的拜金主义、享乐主义、个人主义等，把金钱、地位、特权作为人生价值的评价标准，对社会改革发展产生了极大的消极影响。可见，价值评价是一种能动的意识活动，是主观的，必然会受到人们自身状况的制约。

那么，在个人价值评价的问题上，有没有一个客观的标准呢？伦理相对主义者认为，没有一个客观的标准，标准因人、事或社会情况而定。实际上，这种主张对于道德建设起到了破坏作用。伦理绝对主义者则否认道德的历史性和相对性，他们把道德绝对化，认为人的道德情感、观念和品质是绝对不变的，因此，道德评价标准也是绝对不变的。他们的这种主张也是错误的。

个人价值应该以人对社会贡献的大小来衡量。

首先，人区别于动物的一个重要特征，就是人有能动的创造力。社会的物质财富和精神财富都是人类劳动智慧的结晶。人的劳动是一种有目的、有意识、自觉的创造性活动。劳动者为社会创造了物质财富和精神财富，没有他们的创造，人类就失去了生存和发展的基础，更不会有社会文明的进步。因此，评价个人价值必须以创造和贡献为标准。

其次，个人价值最终取决于社会价值。个人价值是社会价值的前提和基础，社会价值又是个人价值的必然归宿。潜在个人价值的大小虽然取决于主客观条件，但个体努力的程度是主要的。所以，如果个体拥有的潜在创造力越大，那么他自身的个人价值也就越大。

最后，人作为价值主体，有得到社会尊重、承认及满足的一面，即个体会从社会获得他所需要的物质生活资料和精神生活资料。个体从社会中获得的尊重与满足通常是与其对社会的贡献成正比的。

（二）评价原则

对个人价值的评价，不同的阶级有着不同的原则。资产阶级的评价原则是个人利己主义，他们强调个人价值以及索取和享受。无产阶级的评价原则是集体主义，主张在社会价值中体现个人价值，在社会整体利益中评价个人价值。社会主义主人翁的责任感、为人民服务的做人宗旨、社会主义整体利益的社会意识构成了集体主义的个人价值评价原则。

1.个人价值受社会条件的制约

人总是群体中的人，也总是社会中的人，人总是脱离不了社会的存在而发展，因此人要依靠社会而存在，依靠社会的物质条件而创造价值。个人在创造价值时总是要受到社会条件的制约，必须在一定的物质条件和社会发展状况下才能进行创造。

2.社会价值高于个人价值

在原始社会中，集体的作用和力量还不那么明显，伴随着农耕文明、工业文明的出现和信息时代的发展，社会化生产开始凸显出它的优势，人们互相配合、互相协助使社会化生产顺利摆脱了高投入、低回报的状况。信息时代，人们把生产工作变成了世界人民集体劳动的成果，创造出了辉煌灿烂的科技文明。

3.对社会的贡献与个人价值的统一

个人在创造个人价值的同时，往往也在创造社会价值。个人的社会贡献往往与自身的品格和社会责任感息息相关，一个具有良好品格的、能够积极承担社会责任的人往往也能做出较大的社会贡献，创造更多的社会价值；相反，如果一个人品格恶劣、逃避自身的责任与义务，不仅不能为社会做出一些贡献，甚至可能做出危害社会、伤害他人的行为。因此，作为国家未来栋梁的大学生更应该认识到自己的责任，积极为社会主义事业做出贡献，实现个人价值。

（三）评价尺度和评价方法

个人价值评价的根本尺度，取决于个体的活动是否符合社会发展的客观规律，个体是否通过个体实践促进了社会进步。个人价值评价的基本尺度，是劳动以及通过劳动对社会和他人做出的贡献，这是社会评价个人价值的普遍标准。

个人价值的评价既有自我评价，又有社会评价。自我评价指以自我的价值目标为标准，对自己行为的评价。由于受个人能力、素质及现实生活中利害关系等的影响，做出正确的自我评价是非常困难的。社会评价则是站在社会整体的立场上，以社会的利益作为评价标准的评价方式。要想客观、公正、准确地评价社会成员人生价值的选择和取向，不仅要掌握恰当的评价尺度，还必须采用恰当的评价方法。

1. 坚持能力有大小与贡献须尽力相统一

每个人的能力不同、素质也不同，因此，每个人对于社会所做出的贡献也不尽相同。每个人所能做的就是认真工作，在工作中恪尽职守并认真履行自己的义务。而我们对于个人为社会做出贡献的评价也应当多样化，只要其尽职尽责地完成了本职工作，就应当给予正面评价。

2. 坚持物质贡献与精神贡献相统一

个人对社会的贡献不只包括物质贡献，还包括精神贡献。社会的发展与进步是物质文明和精神文明的共同发展与进步，评价个人价值，不仅要看个人对社会所做的物质贡献，也要看其对社会所做的精神贡献。社会劳动的内容是物质生产劳动和精神生产劳动的相互转化和统一，精神贡献同样是社会发展的巨大推动力。

3. 坚持完善自身与贡献社会相统一

要正确认识个人价值与社会价值的关系。虽然社会价值是实现个人价值的基础，评价个人价值主要看个体对社会和他人所做的贡献，但这并不意味着要否认个人价值。只有人的自我完善和全面发展、物质需要和精神需要得到了满足，才能为社会、他人做出自己的贡献，创造更多的社会价值。

4.坚持动机和效果相统一

动机和效果是相辅相成的，动机引发行为，行为造成效果；效果由行为造成，行为由隐藏其后的动机支配。一般来说，动机善，相应的效果也善；动机恶，则相应的效果也恶。但是，行为的动机与效果并不总是一致的，有时候，善的动机也可能产生恶的效果，恶的动机也可能产生善的效果。因此，在评价个人价值的过程中，要联系动机看效果，透过效果看动机。评价个人价值，既要在坚持动机和效果辩证统一的基础上，注重其人生实践的最终结果，又要全面考察其具体的人生实践历程。

第二节　大学生的人生观教育

大学生肩负着继往开来，把社会主义事业进行到底的伟大使命；肩负着振兴中华，把我国建设成为富强、民主、文明、和谐的社会主义现代化国家的历史重任；肩负着把我国建设成为具有高度社会主义精神文明国家的重任。因此，大学生的道德素养直接关系到他们能否完成自己的历史使命，也关系到社会主义的前途和命运。由此看来，加强对大学生的人生观教育十分必要。

一、人生观的内涵

（一）人生的内涵

所谓人生，指人的生存，人的社会生活，是指人从出生直至死亡的整个生命历程。人生是一个自然的历史过程，有其自身的运行规律，具有自然属性。

人生又是社会化的过程，具有社会属性。人不仅受生物规律的支配，也受到社会实践及其发展规律的支配。人通过实践使自然界为自己的目的服务，来支配自然界，这是人同其他动物的本质区别，而造成这一区别的是实践。正是实践创造了人。我们应该从实践中去理解人生及人与社会的关系。

人又是有意识、情感、理想等精神世界的生物，有着自觉的能动性，在意识的支配下，人能够能动地认识世界和改造世界。正是人的这种能动性和创造性使人生具有目的性、计划性、意义和价值。因此，人生具有思维属性的特征，人的主体自觉意识赋予人生责任和历史使命。

人生是人的自然属性、社会属性和思维属性的有机统一，其中自然属性是人生的基础，是人生的物质载体；社会属性是人的本质属性，对人生起着决定性的作用；而思维属性也是社会的产物，人的精神现象是一种社会现象，它受人们的社会关系的制约。因此，我们应从以上三个方面的辩证统一来理解人生。

（二）人生观的内涵

人生观是人们对人生根本观点的总和，是人对于自身生命过程的反思，是主体在社会实践中形成的对人生基本问题的根本观点和态度，以及解决问题的基本原则和方法。人生观主要包括三个方面：人生目的，即人为什么活着；人生态度，即人应当怎样对待生活；人生价值，即什么样的人生才有意义。

人生观就是人们对人自身的理性思考，是对人自身存在的价值、意义以及发展趋势和规律的理性认识。每个人都有自己的人生观，但不同的阶级、个人有着不同的人生观。人生观之所以如此多元，是因为它是社会关系的产物，它的形成与客观环境及人们的生活轨迹有着密切的关系。可以说，人生观就是在主体不断地与客观环境相互作用的过程中形成的。

人生实践是人生观形成的前提和基础，人总是在一定的历史条件下，在一定的阶级利益下从事人生实践，人生观的形成不可能超越时代所能提供的条件。

主观认识能力的发展与提高是人生观形成的必要条件。由实践发展的思维能力不但能够反映人们实践交往活动的过程，而且可以从人生实践中抽象概括出人生的意义，形成对人生基本问题的根本观点和看法，即形成人生观。人生观的形成是一个从实践到认识、再从认识到实践的过程。人们在社会实践的基础上产生认识，然后用通过认识获得的人生观来指导实践，再在实践中通过社会交往活动和认识能力的提高，检验和发展对人生的认识，获得对人生观更高水平的概括和抽象，再把它转化为更高水平的人生实践。这一循环往复的渐进过程，表明人生观的形成和发展是以实践为基础的客观因素和主观因素相互作用的运动过程。

二、人生观的特征

人生观是人所特有的精神现象，具有自己的特征。

（一）社会性

人是社会关系的总和，个人的实践是在一定的社会形态和社会结构中进行的。这意味着人生观不是孤立发展的，而是受到所处社会的经济、政治和文化等因素的影响。因此，人生观必然与其所处的社会环境紧密相关，反映了社会的特定历史阶段和文化背景。

人生观的社会性还体现在个人与社会的相互作用中。人是社会关系的总和，这表明个人的行为和思想是在与社会的相互作用中形成的。这种相互作用对个人的人生观有着深刻的影响。

（二）历史性

人生观来源于社会实践，是一定社会存在的产物，即它是特定社会经济、政治、文化等的反映，社会存在是发展变化的，所以人生观也必然随着社会的发展而变化。

人生观是历史的产物，处于不同历史阶段的人们，由于对客观世界和人生认识的深度、广度以及正确程度不同，因此产生了不同的人生观。也就是说，不同的历史条件下会产生不同的人生观，人生观必然会打上时代的烙印。正如没有所谓永恒的、不变的和超越历史时代的人性一样，也没有永恒的、不变的和超越历史时代的人生观。人生观的变化和发展，也正是人类在历史的长河中不断自我完善与发展的必然趋势。

（三）独立性

人生观是在一定社会历史文化或民族传统文化的累积、沉淀和演化过程中形成的，它一旦形成，便具有相对独立性。

人生观的形成虽然受到社会环境的影响，但每个人都有自己独特的经历和思考过程，这使每个人的人生观都具有一定的独立性。这种独立性体现在个人对生活的不同理解、对价值的个性化追求，以及对自己行为的自我调控。

独立性也意味着个人在形成自己的人生观时，具有自主性和选择性。尽管外部因素会对个人的价值观产生影响，但个人仍然可以基于自己的理性判断和内在需求来决定接受哪些影响，并形成自己独立的人生观。

独立性还表现在个人对传统观念和社会规范的批判性思考上。个人可以通过反思和挑战既定的观念和规范，来发展自己独特的人生观。这种批判性的独立思考有助于个人更好地适应变化的社会环境，并在生活中实现个人价值。

人生观的独立性并不意味着完全脱离社会或与他人隔绝。相反，个人独立的人生观是在与他人的交流和互动中形成的，它既体现了个人的独特性，也反映了社会的多元性。在这个过程中，个人可以在保持独立性的同时，理解和尊重他人的不同观点。

三、人生观的作用

（一）人生观决定发展方向

众所周知，人的行为受思想支配，人的思想指导着实践。人生观是把握人生方向、抉择人生道路的指南。人生观决定着一个人要成为怎样的人，人生观能帮助人们辨别和选择发展方向，使人朝着既定的目标前进。

但是，不同的人生观对人生起着不同的指导作用：正确的人生观能够指导人们采取正确的行动，沿着正确的方向前进；而错误的人生观，能使人变得自私、狭隘、悲观、沮丧，致使人们走上歧途，陷入深渊。

（二）人生观决定理想信念

人生观是个人对于人生目的和意义的总的看法和根本观点。这些观点是在个人的生活经历和社会实践中形成的，反映了个人对于什么是有价值、有意义的判断。这种判断直接决定了个人对于未来的追求和期望，即个人的理想信念。

（三）人生观指导做人标准

人生观直接影响个人做人的标准。个人在形成自己的做人标准时，会根据自己的人生观来判断哪些行为是正确的或错误的。这些标准通常与个人的内在信仰和道德观念相一致，并受到外部社会环境的影响。因此，个人的人生观在这个过程中起到了指导作用。

（四）人生观能够影响社会发展

人生观一旦形成，就对社会物质生活条件有着巨大的能动的反作用。不同的人生观对社会发展起着不同的作用：凡是那些反映社会先进经济关系、符合社会发展趋势的人生观，就对社会发展起促进作用；凡是那些反映社会落后经济关系、与社会发展趋势背道而驰的人生观，就对社会发展起阻碍作用。判断人生观是起促进作用还是起阻碍作用，要看它所产生的社会经济关系的性质。如果社会经济关系是先进的，则在此基础上形成的人生观也是先进的，起促进作用，反之，则起阻碍作用。

（五）正确的人生观能够抵制腐朽思想

目前，我国仍然处在社会主义初级阶段，封建主义腐朽的思想在社会上还有广泛的影响，资产阶级思想的影响尤其是资本主义社会追逐金钱的旧道德观念的影响还长期存在，并且不断毒害、侵蚀人们的灵魂。在这种情况下，加强人生观教育尤其是加强对大学生的人生观教育就具有非常重要的意义。树立正确的人生观，才能帮助大学生抵制各种腐朽、错误思想的侵蚀。

四、树立正确的人生观

人生观是人生目的、人生态度和人生价值的统一。因此，大学生要树立正确的人生观，必须做到以下几个方面。

（一）追求高尚的人生目的

人类活动的一个基本特征就是它具有目的性。人生目的是对“人为什么活着”这一问题的认识和回答，是人在人生实践中关于自身行为的根本指向和人生追求。人生目的是人生观的核心，有什么样的人生目的，就有什么样的人生态度，就会追求什么样的人生价值。

首先，人生目的决定走什么样的人生道路。一方面，人生目的规定了人生活动的大方向，对人们所从事的具体活动起着导向的作用。另一方面，人生目的是人生行为的动力源泉，为实现人生目的，人们会注重培养能力、锻炼意志、努力拼搏。

其次，人生目的决定持什么样的人生态度。人的一生会面临各种困难与挫折，会与各种矛盾进行斗争。在这些困难、挫折、矛盾面前，人生目的的不同会使人采取不同的人生态度。正确的人生态度能够使人积极进取、顽强不屈、奋力拼搏，而错误的人生态度则会使人虚度人生、放纵人生。

最后，人生目的决定选择什么样的人生标准。正确的人生目的能够使人懂得人生的价值在于奉献，从而在工作中兢兢业业、尽职尽责；而错误的人生目的则会使人盲目索取。

当代大学生应以“为人民服务”作为人生目的，这不仅是个人成长和社会责任的一种体现，也是对时代精神和历史传承的一种回应。通过为人民服务，大学生可以实现个人与社会的和谐发展，为构建和谐社会和推动人类社会进步做出贡献。

（二）确立积极的人生态度

所谓人生态度，指人们通过生活实践所形成的对人生问题的一种稳定的心理倾向和基本意图。人生态度的形成既是一定社会环境影响的结果，也是一个复杂的心理过程。人生态度是人生观的重要内容，一个人有什么样的人生观就会有什么样的人生态度。

当代大学生处于社会主义现代化建设的重要时期，历史赋予的神圣使命及大学生个人成才的迫切愿望要求他们树立积极进取的人生态度。

1.积极乐观

面对生活的挑战和困难，大学生应保持积极乐观的态度，相信自己有能力克服困难，实现目标。

2. 开放包容

大学生应对新事物和新观念持开放包容的态度，尊重他人的观点和选择，从而促进个人成长和社会和谐。

3. 勇于探索

大学生应敢于尝试新事物，勇于探索，勇于追求自己的梦想，不畏失败，从经历中学习和成长。

4. 责任感强

大学生应对自己的行为负责，对他人和社会负责，承担起应有的责任和义务。

5. 合作精神

大学生应懂得与他人合作，共同解决问题，实现共赢。

（三）用高尚的人生观指引人生

1. 树立为人民服务的人生观

为人民服务的人生观是无产阶级的人生观，是科学共产主义世界观的组成部分。它是以辩证唯物主义和历史唯物主义为理论基础的。这种人生观是在无产阶级反对资产阶级的斗争中，从无产阶级和人民根本利益出发，建立在适应社会发展规律基础上的新型人生观。

大学生应当自觉地用为人民服务的科学人生观指引人生，在服务人民、奉献社会的实践中创造人生价值。

2. 自觉抵制错误的人生观

由于受到国内外各种错误思潮的影响，社会上还存在着拜金主义、享乐主义和个人主义等错误的人生观。这些错误的人生观容易侵蚀大学生的心灵，不利于大学生树立科学高尚的人生观。对于这些错误的人生观，我们必须坚决抵制。

首先，要反对拜金主义人生观。拜金主义人生观是一种认为金钱可以主宰一切，把追求金钱作为人生至高目的的人生观。大学生要树立正确的金钱观，既承认金钱对人生的重要性，又不沉迷于金钱。要在人生的道路上，追求更高的理想，为社会做出更大的贡献。

其次，要反对享乐主义人生观。享乐主义人生观是一种把享乐作为人生目的的人生观，主张人生的全部内容和唯一目的就是满足感官的需要。人们适当地享受生活，这是正当的需要，但是，把享乐当作唯一目的则是错误的、有害的，这不仅会危害大学生的健康成长，还会影响社会风气。

最后，要反对个人主义人生观。个人主义人生观是一切从个人出发，把个人利益放到社会利益之上的人生观，主张个人本身就是目的，社会和他人只是达到个人目的的手段。个人主义是生产资料私有制的产物，是资产阶级世界观的核心。这种人生观与社会主义为人民服务的人生观是根本对立的。我们必须坚决反对个人主义，特别是极端个人主义人生观。

上述种种错误的人生观或是没有正确把握个人与社会的关系，或是忽视和否认社会性是人类存在和活动的本质属性，或是没有先进阶级的宽广胸怀。它们不能代表广大人民群众的利益，它们对人的需要的理解是片面的。大学生在时代洪流中必须坚决摒弃错误的人生观，选择并树立正确的人生观。

第三节　大学生的价值观教育

价值观是对价值的理解和认识，是人们关于什么是价值、怎样评判价值以及如何创造价值等问题的根本观点。价值观是社会关系的产物，这是由社会物质生活条件决定的。价值观在上层建筑中属于社会意识的一种形式，价值观的形成离不开现实的物质条件。

价值观的内容，一方面表现为价值取向、价值追求，凝结为一定的价值目标；另一方面表现为价值尺度和准则，成为人们评判事物有无价值以及价值大小的评价标准。因此，价值观是人与社会精神文化系统中深层次的、较为稳定的、起主导作用的部分。价值观是世界观的组成部分，是人生观的核心，它支配并调节人们的一切行为，是驱使人们行为的内在动力，是人生和事业中最重要的精神追求、精神支柱和动力所在。

一、大学生价值观概述

（一）大学生价值观的独特性

大学阶段是人生心理发展的过渡期，是人的世界观、人生观、价值观形成的关键时期。大学生是社会中一个独特的群体，这一年龄阶段的特点决定了他们生理发育基本成熟，但在心理上，由于尚未完全走入社会，心理的发育并没有完全成熟。这决定了大学生是充满矛盾的、介于成熟与不成熟之间的特殊群体，决定了大学生与其他的社会群体相比，其价值观具有其独特性。

1. 稳定性和可变性

大学生对价值观的思考是经常的、较为深刻的，从某种意义上来说，他们的年龄、经历决定了他们已经形成了较为稳定的价值观。但他们所处的复杂的环境又决定了他们富于变化的特点。对于大学生来说，每一个事件、每一点经历、每一点变化都可能引发他们的思考，从而触动他们的价值观。有时候一件小事也会改变大学生的价值观：一个小故事，可能启迪他们的智慧，潜移默化地影响他们的人生价值观；谈一场恋爱，可能会激发或是消磨一个人的信心；交一个朋友，可能改变他们对人际关系的认识。大学生价值观的这种可变性恰好说明他们的价值观是可塑的。

2. 独立性和从众性

大学生在主观上独立性很强，愿意彰显个性，反对千篇一律；愿意独立思考，不愿受人支配。但他们的不成熟性、可变性又决定了他们容易受到外来因素的影响，容易从众。从众是大学生价值观的明显特征，主要表现在：从整个社会群体之众，从同龄人之众。

（二）大学生价值观的现状

1.从社会本位向个体本位倾斜

如何处理个人与社会的关系，深刻地反映了价值观的核心内容。计划经济时期，大学生的价值观是以社会为本位的，他们的人生规划、职业选择等，都能从社会的需要出发，很少考虑个人的利益。虽然这种价值观对于推动我国经济发展和社会进步曾起过巨大作用，但不可否认的是，以社会为本位的价值观具有明显的局限性。

随着社会主义市场经济的深入发展，大学生的价值观逐渐从以社会为本位向以个人为本位倾斜，个体的自主性、独立性地位逐渐确立。在市场经济条件下，大学生积极追求个人的尊严、价值和利益，其进取精神和自我责任感明显加强。

2.价值信仰多元并存

在我国，很长一段时间以来，集体主义价值观居于主导地位。树立共产主义理想和社会主义信念一直是人们的政治追求。但是，随着改革开放的不断深入，尤其是市场经济的快速发展，大学生走出了单一思维的狭区，价值观多元化趋向越来越明显。当代社会生活中存在不同的阶层和群体，他们有着各自的利益基础和价值追求，这种多种价值观并存的现象在大学生身上也表现得越来越明显。

3.价值取向多样化、功利化

价值取向指大学生对价值追求、评价与选择的倾向性，即以怎样的态度对待社会价值和个人价值，并做出选择与追求。坚持正确的价值取向，是大学生实现人生价值的关键。

大学生处于这样一个迅速发展的社会环境中，他们的思想不断变化，其价值取向多元化也就不足为奇了。社会主义市场经济的发展，对大学生价值观的影响是不容忽视的。一方面，市场经济承认物质利益的个体性，从而对大学生的自主、自立精神提出更高的要求；另一方面，市场经济的本质是一种利益关系，市场经济条件下大学生的价值取向表现出越来越强的功利性。在市场经济条件下，当代大学生不但高呼知识就是力量，也高呼知识就是金钱，这是错误的价值取向。要加强对大学生金钱观的正确引导。

4.价值实现途径的多样化

改革开放以来，尤其是在社会主义市场经济条件下，大学生的主体意识和主体地位得到了加强和确认，他们强调自我奋斗、自我实现，崇尚个性、自信。实现个人价值的途径和方法也日趋多元化，且更为务实。他们既关注社会发展趋势，又注重个体人生感受，这种价值观的导向，使大学生在实现价值的途径上更相信自己的选择。

当代大学生价值观的变化，是社会转型期不可避免的，是我国社会经济发展所导致的必然结果，在一定程度上，它是与我国社会的经济、政治、文化的发展相适应的。

（三）大学生价值观的成因

社会主义市场经济影响了大学生的价值观，让大学生的思想更加开放、自由、富有批判意识。

首先，市场主体的平等性、自主性导致大学生价值主体由集体本位转向个体本位。在计划经济体制下，价值主体是立足于集体本位来建立人生目标的。随着商品经济的不断发展和社会主义市场经济的逐步建立，大学生越来越强烈地认识到，市场的竞争是激烈的，要想在市场中赢得一席之地，必须具备过硬的本领，还要有胆识、有智慧，能够抓住机遇，应对挑战，而这一切的主体都是自己；竞争是公平的，机会是平等的，命运完全掌握在自己手中。因此，大学生有着更加明确的自主性和选择性，大学生的人生理想更贴近自身实际和现实境遇。

其次，市场经济本身的主体性、功利性决定大学生价值选择的功利性。在激烈竞争的市场经济条件下，利益至上，优胜劣汰。优和劣的标准又往往取决于获得物质利益的能力。大学生的价值取向从单纯的以精神为衡量标准逐步向世俗化、功利化方向发展。当前，大学生的物质利益要求日趋强烈，出现了重物质而轻精神、重实惠而轻道德的倾向，大学生对个人价值的思考越来越功利化。因此，如何减小甚至消除消极因素的不良影响是大学生价值观教育的一项重要内容。

最后，市场经济的兼容性和经济成分的多样性导致大学生价值评价的多样性。在市场经济中，一切生产要素必须走向市场，在供求关系中实现自己的价值。大学生作为即将走向市场的人才，也要按照市场的要求塑造自己，完善自己。市场需要的多样性、人才评判标准的多样性导致了大学生成才观念的多样性。

二、大学生价值观教育的核心内容

（一）人生价值观教育

人生价值指人的生活实践对于社会和个人所具有的意义和作用，人生价值观是对人生价值的主观认识。人生价值观是价值观的根本和核心，它影响着人们的政治价值观、经济价值观以及其他各种价值观。因此，对大学生进行人生价值观的教育是最为根本和最为必要的。人生价值观既要符合社会发展的需要，又要兼顾个人发展的需要，既要发扬传统人生价值观的有益内容，又要分析市场经济对人生价值观影响的规律性，汲取其合理成分，发挥其积极作用。

首先，集体主义仍然是人生价值观的核心内容。集体主义是以辩证唯物主义和历史唯物主义为理论基础的，它吸收了人类文明的有益成果，是在正确认识人的本质的基础上创立和发展的。市场经济与其他经济形态相比，更强调个体积极性的发挥，但它并不否定集体主义的原则，而是对个人与集体的关系提出了更高的要求。因此，在市场经济条件下，追求个人利益是允许的，但个人对集体的服从也是必需的。

其次，根据新型的价值评判标准，要在兼顾个人价值和社会价值的过程中实现人生价值。不同时期的人生价值评判标准是不同的。在社会主义市场经济条件下，劳动者同国家、集体一样已成为利益关系的主体，个人的正当利益应当受到保护和重视。所以，在强调大学生实现社会价值的同时，也要承认其个人价值的合理性。只有正确处理好国家、集体和个人的关系，兼顾个人价值和社会价值才是符合时代要求的价值观。

（二）道德价值观教育

道德是一种特殊的社会意识形态，它通过社会舆论、传统习俗和人们的内心信念来维系，是对人们的行为进行善恶评价的心理意识、原则规范和行为活动的总和。

大学生的道德价值观总体上是健康的、积极向上的，但在历史发展过程中也存在道德滑坡的现象。大学生道德价值观的变化主要表现为两种趋势：一种是反传统性，即对一些传统道德观念提出了质疑和挑战，不再盲目追随统一的道德模式；另一种是功利性加强，即融入了部分功利色彩，变得务实。总之，加强当代大学生的道德价值观教育十分迫切。

加强大学生的道德价值观教育，一方面，要构建符合时代的大学生的道德价值观，既要注意加强对他们的中国传统道德教育，使其摒弃那些阻碍时代发展的旧道德、旧观念，又要加强中西方文化交流，使他们对西方的道德价值观有清晰、整体的认识。另一方面，要坚持道德价值观教育的时代特色。基于时代的特点，进行道德价值观教育必须兼顾国家、集体、个人利益，注重经济效益，培养脚踏实地、求真务实的精神；要倡导竞争，破除陈旧观念，激发大学生在学习、生活、工作中的积极性和创造性；必须树立平等互利的社会主义道德观念，并把它与“为人民服务”结合起来。

第四节　大学生人生价值的实现

实现人生价值，是每个人都十分关心的问题。每个有志青年都想用自己的奋斗谱写辉煌的人生篇章。但是，人生价值的实现，是一个复杂的社会实践过程，它既依赖于社会生产力的发展水平，又取决于个人主观努力的程度以及参加社会实践的效果。

一、人生价值的实现条件

个人如果想要实现自己的价值，必须正确把握社会发展和个人发展的客观规律，把主观条件与客观条件结合起来，不断地创造精神财富和物质财富，以此来满足社会与个人的需要。

（一）客观条件

主观条件的发展总是会受到客观条件的制约，这种客观条件包含政治、经济、文化等因素。

1.政治因素

政治因素指社会政治文明状况，包括一定的社会政治、法律制度以及统治阶级的路线、方针、政策等。政治因素直接影响人生价值的实现方式。政治因素一旦形成，便会形成一种客观的现实力量，规范、影响人们的价值观以及人生价值的实现方式。

在我国，社会主义制度的建立和不断完善，为大学生充分发挥自身创造力，从而实现人生价值提供了良好的社会环境和有力的政治保证。

2.经济因素

经济因素指社会物质文明状况，包括生产力水平、经济关系、经济制度等。经济因素对于人生价值的实现起着很大的决定作用。这是由于不同的经济因素给人们提供了不同的生产、生活条件，而这些条件的不同又造成人们社会地位的不同，因而导致人们价值观的不同，并影响人生价值的实现。

在我国，经济迅速发展，这为大学生实现人生价值提供了良好的经济环境。

3.文化因素

文化因素指社会精神文明状况，包括思想道德建设和科学文化建设。思想道德建设为人生价值的实现提供了正确方向，科学文化建设为人生价值的实现提供智力支持。

在我国，中国特色社会主义先进文化为大学生实现人生价值提供了正确指导。

（二）主观条件

在把握事物发展的客观规律的基础上，从自身的条件和处境出发考虑问题，是一种理性分析和决策的方法。

1.正确客观地认识自己

正确客观地认识自己，是确定人生价值目标的重要前提。每个人在道德素质、文化素质以及心理条件等方面都会有自己的特点，某个具体的价值目标，对这个人来说是比较恰当的、比较容易实现的，对别人来说可能恰恰相反。因此，每个人都应该正确客观地认识自己，从而确立自己的人生价值目标。

2.提高自身的综合素养

人在自然天赋上各有不同，在实现人生价值的过程中必定会受到自身条件的限制，但是，这并不是说，人是完全消极被动的。个人的主观努力在相当大的程度上决定着一个人人生价值的实现程度。人的能力具有累积效应，能够通过学习、锻炼等方式得到加强。大学生的可塑性强，正处于增长知识和才干的关键时期，因此应该通过各种方式来全面提高自身的综合素质，努力创造实现人生价值的良好条件。

3.保持自强不息的意志

意志是人自觉地、顽强地克服内心障碍并战胜人生道路上困难、挫折的一种精神力量。如果只有目标而没有实现目标的坚强意志，那么目标就会成为空想。大学生要实现自己的人生价值，必须在实践中继承和弘扬自强不息、顽强拼搏的精神。只有这样，才能朝着既定的人生价值目标不断前进。

二、实践中的人生价值创造

人的价值是在实践中创造的，历史的发展、朝代的更替等无一不是在人的实践之中完成的。这充分说明人只有在不断的实践中才能收获精神财富和物质财富，只有多为社会做贡献、努力完成每一份工作，才能收获更多的幸福和价值。

（一）树立崇高的目标

首先，树立崇高的人生价值目标可以为人生价值的创造指明方向。人生价值目标是人生价值创造的出发点，价值目标越远大、越坚定，越能焕发出巨大的力量。

其次，树立崇高的人生价值目标能够激励人们积极地投入创造人生价值的实践，并使这种热情贯穿始终。人生价值的实现是一个长期而异常艰苦的过程，这个过程充满了困难和挫折，但是只要树立了崇高的价值目标，就能够排除万难，走向胜利。

最后，人生价值目标也是人生价值创造的结果和归宿。一切人生价值的创造，都是预先设定价值目标，然后在其引导下从事相应的实践活动，最终创造出一定的价值成果。大学生应该按照社会进步的需要，按照人民的利益来规划自己的人生。大学生的思想、行为越是与社会发展规律相适应，他们的人生就越对社会有积极意义。

（二）用知识武装自己

学好本领，是实现人生价值的重要手段。树立崇高的人生价值目标，要用知识武装自己的头脑。一个缺乏知识和道德素养的人，是无法树立科学的人生价值目标的。知识是引导人生走向光明未来的灯烛。如果说实现中华民族伟大复兴是人生价值的外在表现，那么，学习知识，掌握为人民服务的本领便是人生价值的内在依据，这也是实现人生价值的根本手段。

（三）在实践中实现个人价值

实践是检验真理的唯一标准，而人生也是个人用实践检验自己、证明自己的过程。每个人的一生都在创造着精神财富与物质财富，而实践则是实现一切价值的基础。

对于大学生来说，要创造有价值的人生，就要走与社会实践相结合的道路。社会实践是知识创新的源泉，是检验真理的试金石，也是成才的有效途径。社会实践提供了一个平台，让大学生将所学的理论知识应用于实际问题中，体验知识的力量和价值。通过参与社会实践，大学生可以锻炼自己的实际操作能力、沟通能力、团队协作能力和解决问题的能力。社会实践有助于大学生具备社会责任感，形成职业道德观，理解社会的多样性和复杂性。

第五章
爱国主义与大学生道德素养培育

在当今的时代形势下，强化对大学生的爱国主义教育和民族精神教育，切实树立起其维护国家和民族的内在信念，并指引他们依照此种内在信念实施行动，其目的是深入挖掘爱国主义及民族精神在新时期的准确含义，塑造大学生的家国情怀及民族大义。

第一节　新时代爱国主义的内涵与价值

爱国主义是中华民族精神的核心内容。爱国主义体现了个人或集体对国家的归属感、认同感、尊严感与荣誉感。它不但饱含着个人对自己家园以及民族和文化的深厚感情，而且通常伴随着民族自尊心和民族自信心，驱使人们为保卫祖国和为祖国争光而行动。

在中国的公民教育体系中，爱国主义教育是不可或缺的组成部分。爱国主义教育的核心目的是在全民尤其是青少年中培养对国家和民族的深厚感情，以及对国家利益和尊严的自觉维护意识。通过爱国主义教育，可以增强个人对国家的忠诚，提高民族凝聚力，促进国家的和谐与稳定。

一、爱国主义的含义

国家的概念必然包含以下要素——自然要素、社会要素、政治要素。

自然要素指由各种自然资源共同构成的国土，它是民族世代繁衍和生存所不可缺少的前提条件；社会要素指的是拥有相同的语言文化、经济生活、社会心理、历史传统，并且通过种种社会关系彼此联结为一体的国民；政治要素指以维护社会稳定、保护社会共同体主权、维持共同体秩序为目的所建立起来的政治机构，即国家。将上述三个要素综合起来就能够明确祖国的含义：一个集自然、政治、经济、文化和历史于一体的综合概念。

（一）爱国主义的内容

1. 热爱国土

国家土地承载着每个国民的成长及发展，是人们生长、繁衍的必要根基。国民的爱国精神首先体现为对国土的热爱及拥护，避免国土受到其他国家和人员的侵犯和破坏。每个国民都应当自觉地维护国家领土的完整和统一。热爱国土不仅仅是一种情感表达，更是一种实际行动。通过了解、尊重、保护和维护国土，个人可以为国家的长治久安和可持续发展做出实质性贡献。例如，国家正走在发展的高速路上，国民更应当在热爱和保护国土的同时为国家建设贡献力量。

2. 热爱同胞

这里所说的同胞指生活在祖国大地上的人民群众。在国家发展中，人民扮演着主体的角色。在地域广阔、河山壮美、具有美好发展前景的国土之上，世代中华儿女繁衍生息，书写着人生的美好画卷。恰恰是历代人民的智慧、勤劳与善良，才造就了中国灿烂、辉煌的历史，才为祖国现在的发展奠定了深厚根基。

从古至今，爱国爱民、忧国忧民、救国救民、强国富民都不是割裂开来的，它们自始至终有着极为紧密的关联。因此，热爱祖国所蕴含的一项根本前提就是热爱人民，爱民与爱国两者始终是联系在一起的，不可将其割裂，爱民及爱国都要被视作爱国主义的根本表现。对人民感情的深浅程度，是检验一个人对祖国忠诚程度的试金石。

3. 热爱文化

祖国文化是赋予祖国大地人文底蕴的一项重要财富，是中华民族数千年来绵延不绝的精神动力，是弘扬民族精神、塑造民族品格的重要内容，是增强民族凝聚力的土壤。爱国主义蕴含着热爱祖国文化的要求。祖国文化早已渗入人们的思想，融入人们的精神血液。

4. 热爱国家

国家的职责在于对社会共同体的安全、秩序及稳定等进行维护，确保祖国和谐发展、文化顺利传承、人民生活安康。作为社会共同体的祖国定然会以国家的形式存在，所以，爱祖国就蕴含着热爱国家的要求。唯有国家繁荣昌盛，个体、家庭和社会才能够顺利发展。若国家经济衰败或者处于危亡之际，那么这个国家的人民也会生活困顿。国家的进步和发展是每个人进步和发展的政治前提。因此，爱国主义必然要求爱国家。

（二）爱国主义的优良传统

在中华民族的灿烂文化中，爱国主义的优良传统源远流长，内涵极为丰富。在中华民族五千多年的历史发展中，爱国主义始终以其巨大的凝聚力和向心力维系着中华民族的独立和统一。

1. 热爱祖国，矢志不渝

回顾中华民族的悠久历史，不难发现先辈们伟大的爱国精神及光辉的爱国事迹一直激励着后人，如林则徐、黄继光等。

2. 天下兴亡，匹夫有责

无论是身居高位的人还是平民百姓，都应当时刻关心国计民生，将建设和发展国家作为自身的重要责任，真正认识到个人的发展与国家的发展之间的紧密关联，真正依照爱国精神的指导来落实自身的各项行动。

3. 维护统一，反对分裂

中华民族是由多个民族所组成的一个和谐友好的大家庭。不同民族之间平等、和谐共处，团结协作，是各族人民所共同期盼的。无论哪族人民，都将维护民族团结和祖国统一视作自身的基本职责。

4.同仇敌忾，抗御外侮

中华民族拥护和平，但不惧怕战争。在中国长期的历史发展进程中，中华各族儿女共同抵抗外来入侵，形成了坚贞不屈、誓死捍卫祖国的民族精神，展现了和敌人斗争到底的英勇气概，打倒了外来的侵略者，并且在战争中不断发展创造，形成了为人类和平事业做出贡献的值得称赞的奉献品格。

二、爱国主义的时代特征

爱国主义具有时代性，在不同时代有不同的爱国主义主题。在现阶段，爱国主义的主题是建设、发展和保卫中国特色社会主义现代化事业，促进祖国统一大业。

（一）爱国主义与爱社会主义相统一

对于目前的中国社会来说，坚持爱国主义和爱社会主义的统一是爱国主义的一项基本特征。任何中国公民都应当自觉拥护和热爱中国特色社会主义。通过中国近代发展历史可以知道，爱国主义和爱社会主义从本质上来说是统一的，历史经验已经表明，中国只有走社会主义才能找到出路，也只有社会主义道路才能让中国摆脱原本的发展困境。也恰恰是在社会主义的引导下，中国才逐渐构建起社会制度，书写了国家发展的美好诗篇，将中国建设成为生机勃勃、繁荣昌盛的大国国家。实践证明，一切成绩和进步的根本原因就是坚持走中国特色社会主义道路。

（二）爱国主义与拥护中国共产党领导相统一

中国共产党是中华人民共和国的创造者、建设者和引领者，若没有中国共产党的领导和艰苦奋斗，社会主义新中国就无法建立起来。历史经验告诉我们，中国共产党是爱国主义的倡导者、践行者，是中国发展社会主义事业的领导核心。在当今时代，中国要实现进一步发展，就需要坚决拥护中国共产党，听党指挥。

（三）爱国主义与拥护祖国统一相一致

爱国就必然要拥护祖国统一，这是基本政治准则。在中华民族的发展史上，对国家主权、领土完整及民族感情的高度认同是中华儿女爱国情怀的重要体现。华夏儿女遍布世界各地，拥护祖国统一的原则应是每个华夏儿女爱国的底线。

（四）爱国主义与经济全球化相统一

全球化和信息化将全球变为了所谓的“地球村”，但不可将此种“地球村”的概念和大同世界等同起来，因为不同国家之间联系得愈加紧密，世界范围内的竞争就会变得愈加激烈。另外，伴随着文化和经济等领域的一体化发展，西方的思想观念大量涌入中国，这些观念思想的质量参差不齐，部分甚至对国家的尊严及主权安全等造成负面影响。因此，我们仍需要坚持爱国主义，要对国家主权及尊严加以维护，要让国家能够在独立自主的基础上发展适合本国国情的文化、经济及政治制度。

三、爱国主义的时代价值

（一）爱国主义是中华民族继往开来的精神支柱

爱国主义是鼓舞人们为自己祖国的繁荣富强而无私奉献的巨大精神动力，是推动人们为祖国的荣誉和尊严、民族的繁荣和昌盛、人民的富裕和幸福而奋斗不息的巨大精神力量。在新的历史条件下，爱国主义促使全国人民高举社会主义的伟大旗帜，团结全国各族人民、港澳同胞、台湾同胞、海外侨胞，建立最广泛的爱国统一战线，充分发挥和集中整个民族的智慧和力量，为建设社会主义国家做出贡献。作为新时期的大学生，要发挥爱国主义的伟大精神，勇于承担起建设富强、民主、文明的社会主义现代化国家的历史责任，努力为中华民族发展史续写新的光辉篇章。

（二）爱国主义是维护祖国统一和民族团结的纽带

我国幅员辽阔，国土上生活着多个民族，而爱国主义恰恰是不同民族之间沟通感情、维持关联、团结协作的重要纽带，要让各民族人民朝着同样的目标前进，真正为祖国的发展壮大贡献力量。一个国家要想实现经济腾飞、强大昌盛，就必然离不开爱国主义精神的支撑。另外，爱国主义精神除了能够将生活在国内的各族人民团结在一起，还时刻吸引着由于种种原因暂时居于他国的祖国游子。

（三）爱国主义是实现中华民族伟大复兴的动力

近代中国历史上涌现出了很多爱国志士，他们奋发图强，对民族复兴之路展开艰辛探索。在无数爱国的仁人志士的共同努力奋斗下，一个崭新的社会主义中国得以成立，各族人民走上解放之路。中华人民共和国建立后，爱国主义所发挥的作用也始终未消减衰退。在爱国主义精神的鼓舞下，华夏大地各族儿女齐心协力共创辉煌，为中国社会和经济发展打开了全新局面。而中国的快速发展也进一步激起了全国各族人民和港澳台以及广大海外同胞的爱我中华、建我中华、强我中华的爱国热情。

（四）爱国主义是个人实现人生价值的力量源泉

爱国是个体实现人生价值的一个重要条件，爱国意味着个体要在祖国建设方面肩负重任。在爱国主义的引领下，个体往往能够朝着更加正确的方向成长。爱国主义者会自觉地把自身的价值取向同社会价值取向相结合，自动地把个人理想融入社会理想之中。人生价值只有和社会理想统一的时候才能实现。爱国主义还是推动个人为实现理想而奋斗的重要动力。

（五）爱国主义与弘扬民族精神相统一

爱国主义孕育于民族精神之中，是民族精神的核心内容。在建设富强、民主、文明、和谐的社会主义现代化国家的今天，我们特别需要弘扬和培育以爱国主义为核心的民族精神。我们要紧扣当今中国的时代主题，立足于中国特色社会主义建设事业的伟大实践，以人民群众创造历史的火热生活为源泉，在吸收和借鉴外来思想文化的积极成果的基础上丰富以爱国主义为核心的民族精神。

（六）爱国主义与弘扬时代精神相统一

时代精神是在新的历史条件下形成和发展的，以民族精神为依托，以时代潮流观念、行为方式、价值取向、精神风貌和社会风尚为基础内容的时代意识形态。如今我国所处的时代具有一个十分鲜明的特征——改革创新。具有爱国情怀的人会把弘扬爱国主义传统与弘扬民族精神和时代精神有机统一起来，自觉投身于改革创新的伟大实践中，大力推进理论创新、制度创新、科技创新、文化创新以及其他各方面的创新。

第二节　新时代民族精神的内涵与内容

民族精神是一个民族长期以来形成的处世风格的全部内容。新时代，我国社会逐渐形成了以爱国主义为核心的民族精神新内容。只有在这种民族精神的指导下，我们的事业才能不断地从一个胜利走向另一个胜利。

一、民族精神的内涵

民族精神指一个民族在长期共同生活和社会实践中形成的，为本民族大多数成员所认同的价值取向、思维方式、道德规范、精神气质的总和。它是在特定历史和自然背景下所呈现出来的一个民族不同于其他民族的生存及发展方式，它是对该民族精神状态、文化传统、心理特点等的综合映照，是推动民族实现生存和发展的重要精神支撑。

中华民族经历了几千年的发展，其发展历程充满了坎坷，而恰恰是在诸多困难、坎坷的磨砺之下，中华民族才逐渐形成了自强拼搏、积极勇敢、不惧艰险的民族精神。

（一）爱国主义是民族精神的核心

在长期历史发展进程中，中华民族逐渐塑造出卓越、伟大的中华民族精神。中华民族精神包含爱国主义、团结统一、爱好和平、勤劳勇敢、自强不息等，其中，居于核心地位的便是爱国主义。这是因为爱国主义是对自己祖国最深厚感情的体现，与为国家奉献、对国家尽责紧密相连。

1.历史传承

爱国主义是中华民族历史传承的重要部分，它如同一条红线贯穿于中华民族的发展历程中。正是这种精神支撑了中华民族在面对困难和挑战时不断奋起，保持了民族的连续性和稳定性。

2.社会认同

爱国主义是一种集体认同的体现，它超越了个体，成为整个民族共同的心理特征。这种集体认同感是民族团结和社会和谐的基础，有助于形成共同的目标和价值观念。

3.生存发展

爱国主义对国家和民族的生存与发展具有不可估量的作用。它是推动社会进步、维护国家安全和促进文明发展的重要动力。

4. 激发潜能

在历史的长河中，爱国主义一次次被激发和强化，成为激励人们战胜困难、追求卓越的强大动力。它激发了人们的潜能，促使人们在各自的领域做出贡献，为国家的发展增添力量。

中华民族的爱国主义传统有着悠久的历史和深厚的内涵，它在中华民族几千年的发展历程中起到了无法忽视的推动作用，是中华民族在发展历程中团结奋进、开拓创新的重要支撑。

（二）近代革命传统是中华民族精神的重要组成

近代革命传统是中华民族精神的重要组成部分，因为它不仅反映了中华各族人民在面对国家危机时所做的不屈不挠的斗争和宁死不屈的牺牲精神，也体现了中华文化在现代社会的发展和创新；它不仅是历史的积累，也是现代社会的精神动力。

1. 民族精神的体现

近代革命传统彰显了中华民族在面对外来侵略和内部腐败时所展现的勇往直前和敢于斗争的精神。它强调了独立自主的重要性，这是立党立国的重要原则，也是中华民族精神之魂。

2. 社会主义先进文化的基石

近代革命传统为社会主义先进文化提供了坚实的历史基础和丰富的精神资源。它激励着一代又一代中国人为了国家的繁荣、民族的复兴和社会的进步而不懈奋斗。

3. 团结和平的象征

近代革命传统中蕴含的团结和平的理念，是中华民族在历史的长河中形成的宝贵财富。它教导人们在困难面前要团结一心，共同应对挑战，维护国家的和平与稳定。

4. 价值观念的传承

近代革命传统中的价值观念，如爱国、民主、进步、科学等，是中华民族精神的核心内容之一。这些价值观念不仅是历史的产物，也是现代社会的精神财富，对于培养国民的责任感和使命感具有重要作用。

（三）以改革创新为核心的时代精神是民族精神的时代体现

以改革创新为核心的时代精神，是民族精神在当代的具体体现。这种时代精神反映了一个国家或民族在面对新时代挑战时所持有的进步思想和积极态度，它包括先进的思想观念、价值追求和精神风貌。

1. 爱国与爱党、爱社会主义的统一

在当代中国，爱国主义的核心是坚持爱国和爱党、爱社会主义相统一。这一点体现了爱国主义在不同历史时期的不同表现形式，强调了在新时代背景下，爱国主义应当与国家的现实政治和社会制度相结合。

2. 改革创新的重要性

改革创新是推动社会发展的关键动力。在全球化和技术迅速发展的今天，只有不断创新，才能保持国家的竞争力和民族的活力。因此，以改革创新为核心，不仅是经济发展的需求，也是民族精神在新时代的必然要求。

3. 与时俱进的精神力量

时代精神是一种鞭策我们在改革开放中与时俱进的精神力量。它要求我们不仅要继承和发扬传统的优秀文化，还要根据时代的变化不断创新和发展，以适应新的社会条件和国际环境。

4. 全社会的共识和追求

以改革创新为核心的时代精神已经成为全社会的共识和追求。无论是在科技、教育、经济还是文化领域，创新都是推动发展的核心要素，这种精神已经深入人心，成为全社会共同的价值取向。

总的来说，以改革创新为核心的时代精神是民族精神在新时代的延续和发展，是我们应对时代挑战、实现民族复兴的重要精神支柱。

二、民族精神的内容

当代的民族精神是我国人民为了实现中华民族伟大复兴百折不挠地同敌人斗争和建设中国特色的社会主义国家的过程中形成的精神，包括井冈山精神、长征精神、延安精神、西柏坡精神等。

（一）井冈山精神

井冈山是中国革命的摇篮。井冈山时期留给我们最为宝贵的财富，就是跨越时空的井冈山精神。我们要结合新的时代精神，坚定执着追理想、实事求是闯新路、艰苦奋斗攻难关、依靠群众求胜利，让井冈山精神放射出新的时代光芒。

井冈山精神可以总结为：坚定信念、艰苦奋斗，实事求是、敢闯新路，依靠群众、勇于胜利。

（二）长征精神

伟大的长征精神，是党和人民付出巨大代价、进行伟大斗争获得的宝贵精神财富，我们世世代代都要牢记伟大的长征精神、学习伟大的长征精神、弘扬伟大的长征精神，使之成为我们党、我们国家、我们人民、我们军队、我们民族不断走向未来的强大精神动力。

长征精神可以总结为：把全国人民和中华民族的根本利益看得高于一切，坚定革命的理想和信念，坚信正义事业必然胜利的精神；为了救国救民，不怕任何艰难险阻，不惜付出一切牺牲的精神；坚持独立自主、实事求是，一切从实际出发的精神；顾全大局、严守纪律、紧密团结的精神；紧紧依靠人民群众，同人民群众生死相依、患难与共、艰苦奋斗的精神。

（三）延安精神

延安精神培育了一代代中国共产党人，是我们党的宝贵精神财富。要坚持不懈用延安精神教育广大党员、干部，用以滋养初心、淬炼灵魂，从中汲取信仰的力量、查找党性的差距、校准前进的方向。

延安精神可以总结为：坚定正确的政治方向，解放思想、实事求是的思想路线，全心全意为人民服务的根本宗旨，自力更生艰苦奋斗的创业精神。

（四）西柏坡精神

西柏坡精神是红色革命精神之一，它是中国共产党在革命历史重要时期形成的一种精神财富，包含了丰富的革命理念和实践原则。我们要不断学习领会“两个务必”的深邃思想，始终做到谦虚谨慎、艰苦奋斗、实事求是、一心为民。

西柏坡精神可以总结为：谦虚谨慎、艰苦奋斗的精神，敢于斗争、敢于胜利的精神，依靠群众、团结统一的精神。

第三节　新时代大学生的爱国主义教育与民族精神教育

爱国主义是民族精神的核心内容。当代大学生的爱国主义教育和民族精神教育必须以爱国主义为重点内容，并从爱国主义出发向团结统一、爱好和平、勤劳勇敢、自强不息等内容延伸。

一、爱国主义教育是重点

爱国主义教育是大学生道德素养培育中的重要内容。在围绕理想信念教育开展道德素养培育活动时，要始终将爱国主义置于重要地位。

（一）爱国主义教育有助于大学生培养高尚的道德情操

爱国主义不仅是一种值得称赞和培育的道德情感，也是人们应当自觉遵守的一项道德规范。让大学生接受高校所实施的爱国主义教育，不仅能提升大学生的爱国主义精神，也能塑造大学生的爱国情怀，让他们立志为国贡献、为国解难。为国贡献指用负责任的态度对待国家和民族发展，要真正发挥自身力量推动国家进步；为国解难指关心和关怀国家未来发展，真正将国家未来发展命运与自身命运联系起来。

（二）爱国主义教育有助于大学生坚定中国特色社会主义的信念

爱国主义具有突出的历史性特征，在不同的历史发展阶段，爱国主义的内涵是不同的。对于当前的中国来说，建设中国特色社会主义是爱国主义的必经之路，是对爱国主义内涵的进一步挖掘和深化，是当前社会对爱国主义的集中体现。在高校中实施爱国主义教育，能让大学生清醒地意识到自身发展和国家未来命运的紧密联系，从而在此基础上自觉、自愿地为国家发展做出贡献。

二、爱国主义教育的内容

（一）中华优秀传统文化教育

对于民族和国家来说，文化是其文明智慧的外在彰显，是推动国家和民族进步的力量源泉。中华优秀传统文化是我们应当予以珍惜的宝藏，是高校实施爱国主义教育所必须讲授的关键内容。在当今的全球化趋势下，国家能否继承并创新民族文化，在很大程度上决定着中华文化的发展状况，继而影响国家的总体发展情况。

高校开展大学生中华文化教育，首先要做到的是增加大学生对中华文化的了解；其次要让大学生以科学、正确的态度对待中华文化及外来文化，自觉维护和发扬中华文化；最后要注重通过内容传授增强大学生的文化自豪感和认同感，让他们切实形成民族自尊心和自豪感。

（二）社会主义信念教育

社会主义信念教育的具体内容包括马克思主义基本理论教育，党的基本理论、基本路线、基本纲领教育，中国革命、建设和改革开放的历史教育，基本国情和形势政策教育以及科学发展观教育等。走中国特色社会主义道路是中国人民经过长期的实践摸索做出的正确选择，是中国近代历史发展的必然结果。走中国特色社会主义道路是国家、民族、人民的根本利益所在，建设中国特色社会主义也就成为新时期爱国主义的主题。在对大学生进行爱国主义教育的过程中，必须深入开展建设中国特色社会主义的理想信念教育，引导大学生把满腔的爱国热忱投入建设中国特色社会主义的伟大事业当中。

三、爱国主义教育的深化

爱国主义教育和民族精神教育之间有着紧密的关联，前者是后者的核心，后者是对前者的拓展。在高校实施民族精神教育，传授民族精神的丰富内容，是为国家培养全面、综合型人才的必要条件，是促使大学生毕业后积极投身国家建设的客观要求。

（一）引导大学生正确认识民族精神的科学内涵

爱国主义是中华民族的民族精神的核心内容，民族精神的内涵就是以爱国主义为核心的团结统一、爱好和平、勤劳勇敢、自强不息的伟大民族精神。

“团结统一”的民族精神指为达成民族总体目标和奋斗理想，为了将全民族的智慧、力量团结和凝聚起来，而逐渐形成的众志成城、团结统一、维护大局的一种合作精神。自古以来中华民族就注重及推崇“和”，对和平的热爱和拥护可以体现在中国历史发展中的各个阶段。在当今社会，和平与发展已经成为世界的主旋律。无论是对于中国人民来说，还是对于其他国家的人民来说，维护世界和平、追求世界稳定发展都是其内在愿望和良好期盼，也是他们应尽的义务。“勤劳勇敢”也是民族精神的重要内容，指中华民族在其发展历程中克服各种艰难险阻所逐渐养成的吃苦耐劳、不折不屈、勇敢奋斗的精神。“自强不息”更是中华民族精神的集中体现，它蕴含着开拓创新、积极进取、独立自主等精神品质。

（二）引导大学生在实践中不断丰富和发展民族精神

民族精神是一个历史的开放的概念，是传统性与现代性的统一。民族精神的传统性，指它是一个民族在其历史发展过程中，逐渐积累下来的物质财富和精神财富。民族精神的时代性，指传统的民族精神为适应社会发展而增添时代要求的品质以获得新生。

中华民族精神是中华民族在其历史发展长河中不断培育形成的，无论是在家国建设还是在抵御外侮等过程中，中华民族都始终在丰富和发展着本民族的精神内涵。高校在开展民族精神教育的具体过程中，要促使个体用正确、科学、开放的态度对待中华民族精神，让大学生在汲取民族精神精华的基础上不断丰富其内涵。

（三）全球化视野下大学生民族精神教育

民族精神是对民族文化的凝练与深化，是一个民族对自身的认同与定位。大学生将来定然会步入社会，成为祖国的建设者，成为继承、传播和弘扬民族精神、民族文化的核心群体。强化高校的民族精神教育，是保持文化自觉，培养文化传承后备力量，提升大学生的民族意识，推动大学生全面发展的重要措施。

第一，民族精神教育是培养大学生民族意识，提升其民族文化自豪感的关键策略。实施民族精神教育有利于大学生在面对外来文化及其他内容时保持冷静地思考，避免受到外来文化的影响和侵扰。另外，实施民族精神教育能够开阔大学生视野，让他们将眼界放至全球，真正肩负起维护世界和平与发展的崇高使命。

第二，民族精神教育能够给大学生完成当今的历史使命提供重要的驱动力。全球化发展使国家之间的文化冲突、利益冲突比以往更加鲜明。要想在世界竞争中站稳脚跟，令国家具有更强大的地位和话语权，就定然离不开强大的精神动力及精神支撑。大学生是中国未来的建设者和接班人，他们需要把民族精神作为重要的支撑精神，从而有更强劲的内在动力达成使命。

第三，民族精神教育是顺应时代潮流的具体体现。目前，各国高校在实施道德素养培育活动的过程中，十分关注世界性和民族性的结合。一方面，各个国家和地区都注重将其他民族文化的精华及优秀成果纳入自身教育体系；另一方面，各个国家和地区都更加注重本民族精神的教育及宣传，意图在传承和创新本民族文化的同时，让本国的思想、道德价值观与时俱进，具有更鲜明的时代性。

第四，民族精神教育是增强大学生文化心理素质、提升其精神水平及综合素质的重要保证。社会主义现代化建设需要大量综合型人才，因此高校要培养大学生的综合素质。中华民族在思维方式、价值态度、道德准则、审美趣味等方面有其独特性，在各国交流逐渐深入的今天，这些独特性能够让中国真正树立起具有中国特色的国际形象。与此同时，中国人也在包容、接纳、汲取优质的外来文化，让中华文化变得更加丰富和完善。民族精神教育能够让大学生更加认同自身中华儿女的身份，形成鲜明的国家和民族意识，用包容、理性、科学的态度对待文化全球化给我国文化发展带来的机遇和挑战。

高校民族精神教育这项工作具有突出的系统化特点。在实施该工作时要将其视作高校教育及社会精神文明建设的重要组成部分。另外，高校要注重渗透教育的开展，也就是将道德育人工作与高校的日常管理工作、服务工作结合起来，实现多方教育资源的统合，构建起党、政、工、团齐抓共管的立体化网络体系，切实实现道德素养培育质量的提升。

第六章
诚信观与大学生道德素养培育

诚实守信是中华传统美德，是人的立身之本，也是一切道德素养的基础。培养大学生的诚信美德，不仅是大学生发展的必然要求，也是时代发展所提出的要求，是高校培养高素质人才的必由之路。

第一节　中华传统诚信观

诚信观是人们对于诚信的认识、情感、意志、行为等综合因素的认知总和，属于思想意识范畴。中国传统诚信经过古代先贤的思辨，从一种社会行为上升为一种思想，从而具有了润泽后世的理论光芒。

一、中国传统诚信观的形成与发展

诚信是中华传统美德的重要组成部分，其萌芽于春秋时期，经过长期的发展，在先秦时开始成为一种实用的修身价值观，最终成为影响深远、能够促进社会稳定的道德观。

春秋末期，诸侯群起，礼坏乐崩，巧诈风行，出现了“春秋无义战”的局面。道家学派代表人老子针对这种情况提出了“信德”这一概念，他认为“信”是一种人们应该尊崇的美德。老子认为，信是促进社会积极发展的基础条件。诚信还是孔子儒家思想的重要内容，孔子主张人们在社会交往、个人修身、社会管理等方面都应重视“信”，将“信”作为前提条件。

先秦时期，诚信在社会发展中所具有的功能地位逐渐被确立，诚信在社会中的地位开始得到凸显。孟子认为诚心善行是上天运行的准则，他将“诚”与“善”联系起来，认为诚就是善，诚是善的前提，如果一个人不诚，那么他就是不善的。他将“诚”置于高位，认为人们只要做到了“诚”，就没有感动不了的人，做不了的事，如果有感动不了的人，那就是这个人不够诚，因此认为诚信善行是人进行各种社会活动的准则。荀子将“诚”视为做人的根本，将“诚”视为天道和人道。

汉代，儒家思想成为统治阶级保持社会稳定发展的重要思想。在这一阶段，“信”与“仁”“义”“礼”“智”统称为“五常”，是封建社会的基本道德规范之一。汉代的这一主张对后来的各朝各代产生了重要的影响，诚信思想在实践中的运用开始得到发展。

魏晋南北朝时期，人们的思想极为活跃，诚信这一思想内涵得到了发展。例如，诸葛亮用诚信来衡量人；颜之推认为诚信应该是人安身立命的基础。

宋元时代，诚信思想得到了进一步发展，理学家朱熹认为“诚”是一种真实不欺的美德，要求人们修德做事，必须效法天道，做到真实可信。“诚”不仅是“纯粹至善”的道德极境，也是圣人之所以成为“圣人”的根据，仁、义、礼、智、信及孝悌等一切有关伦理的行为，皆以真实无妄的“诚”为根本或本原。

明清时期的诚信道德规范得到了继承与突破。哲学家王守义提出人要“知行合一”，君子要言行一致。他将理论与实践结合起来，认为“诚”就是要做到知行合一。明清启蒙思想家王夫之把“诚”作为一项哲学命题论述，认为诚是宇宙的基本规律。同时，王夫之关于“诚”的论述也具有伦理学的色彩，认为因为有了“诚”，人性（包括仁、义、礼、智、信）则充满美好。他不仅把“诚”作为天道，也将其作为人道加以论述，具有哲学和伦理学的双重思辨。

历史车轮滚滚向前，诚信这一自古至今永恒的命题随着历史的发展在内容、功能等方面得到不断充实与完善。尤其是在近现代的中国，社会发生了翻天覆地的变化，向着现代化方向发展，人们的思想观念发生了巨大的变化，各种社会问题的出现，使人们开始重新关注诚信这一问题。在我国快速发展的社会背景下，人们开始从不同视角展开对诚信的研究，其内涵得到深化。作为传统道德规范的诚信，正在向现代化发展。

二、诚信的内涵

“诚”与“信”在初期并非连在一起使用的，它们分别具有不同的含义。“诚”是一种内在的道德品格，强调的是不自欺，即“内诚于心”。“信”是主体在与他人交往过程中表现出来的行为特征，强调的是信守承诺，践行约定，即“外信于人”。“诚”与“信”是紧密联系在一起的，两者不可分割，“诚”是“信”的基础，“信”是“诚”的外化。只有主体内部的“诚”与外部的“信”联系起来，才能保证主体具有一定的诚信道德。后期，“诚信”开始成为一个完整的道德规范，人们的“诚信”观也逐渐完善。“诚信”逐渐受到社会的重视，成为社会发展的主流价值观，成为人们共同遵循的价值标准和行为准则。

随着社会的发展，“诚信”这一行为规范也得到了一定的发展，尽管人们在现实生活中更多从道德层面解释诚信，但是其内在含义已经超越了传统的道德含义。概括来讲，诚信可以从以下几个方面来把握。

（一）诚信是做人的基本准则

诚信是人们在社会立足的重要品质，是人们在生活实践中应当遵守的道德规范。将诚信作为做人的基本准则，不仅体现了个人的道德修养和人格魅力，也是社会和谐稳定的必要条件。

1. 信任的基础

诚信是人际关系中建立信任的基石。一个人如果失去了诚信，别人就会对他产生怀疑和不信任，这将严重影响其人际关系和社会交往。

2. 道德的核心

诚信是道德体系中的核心要素之一。它不仅是个人品德的体现，也是社会公德的重要组成部分。一个诚信的人会遵守诺言、履行承诺，这样的行为会受到社会的尊重和赞誉。

3. 法律的要求

在许多法律法规中，诚信都被视为基本原则。因此，诚信不仅是道德要求，也是法律要求。

（二）诚信是国家治理的基础

诚信是国家治理的基础，它贯穿于政治、经济、法律等各个领域。一个国家只有诚信示人，才能得到其他国家的尊重，才能获得长远的发展。

1. 政治信任的前提

政府与民众之间的信任关系是政治稳定的基石。政府的诚信是赢得民众信任的关键，只有政府诚实守信，才能获得民众的支持和认同。

2. 经济发展的保障

市场经济是建立在诚信基础上的经济。只有在诚信的基础上，才能形成良好的市场秩序和商业环境，保证交易的顺利进行和市场的健康发展。

3. 法律制度的支撑

法律制度的制定和实施需要以诚信为基础。法律要求公民和组织诚实守信，同时法律本身也要体现诚信，才能真正发挥规范社会行为、维护社会秩序的作用。

4. 国际形象的体现

在国际社会，一个国家的诚信度直接影响其国际信誉和地位。一个诚信的国家能够更好地与其他国家建立互信、合作的关系，提升国家的软实力。

第二节 诚信与市场经济

市场经济是以市场机制为基础和主导的配置社会资源的一种经济运行形态。诚信是维护市场稳定运转的首要前提，是市场经济的基石。只有创建诚信的市场环境，才能促进市场经济的顺利发展。因此，建设和完善市场经济，促进市场经济的发展，需要构建良好的诚信体系。只有健全的社会信用体系，才能激发社会活力，保证社会主义市场经济的健康发展。

一、我国社会主义市场经济建设中诚信缺失的原因

市场经济的快速发展使人们的生活发生了巨大改变。但是，由于市场经济体制不健全、相关法律法规建设缓慢、诚信意识淡薄、社会信用体系不完善等，时有失信事件发生，这对我国社会主义市场经济建设造成了阻碍。

（一）市场经济体制不健全

我国市场经济体制不健全主要表现在社会公平与效率的矛盾。市场经济体制下，如何处理好社会公平与经济效率的关系，是市场经济体制健全与否的重要标志。如果不能有效解决这一问题，市场经济体制就可能存在问题。另外，市场经济的有效运行需要良好的治理结构，包括有效的宏观调控、公正的司法体系和透明的行政管理等。治理体系的不完善会削弱市场经济的功能。

我国正处在经济转型的关键时期，旧的信用制度约束机制效能削弱，

而新的制度尚未完善。这在一定程度上助长了不诚信事件的发生。社会中的失信现象会对大学生的认知产生影响，使大学生产生错误的认知，动摇大学生的道德基础。

（二）相关法律法规建设进程缓慢

近年来，虽然我国加强了法治保障工作的建设，制定了诚实守信相关的法律原则，并明确了惩罚措施，但是这些仍旧无法满足如今快速发展的经济发展需要。对于快速发展的市场经济来讲，法治建设略显滞后，主要表现为以下方面。

1. 法律制度不完善

市场经济的法律基础包括确认市场主体资格制度等基本制度。如果这些基本制度不够完善，就会直接影响市场经济的发展。

2. 法规更新滞后

随着市场经济的快速发展，新的情况和问题不断出现。如果法律法规不能及时更新以适应新的市场现象，就会影响经济的发展。

3. 法律实施困难

即使相关的法律法规已经制定，但如果执行力度不够，或者执行过程中遇到障碍，也会导致法律法规建设进程缓慢。

在社会主义市场经济条件下，诚信与法治是相互依存的。例如，对于假冒伪劣、拖欠赖账等行为打击力度不够大，就会致使一些人存在侥幸心理，敢于以身试法，进一步导致诚信缺失。诚信社会环境的形成不仅要靠主体诚信道德素养的自我约束，还要靠相关法律法规的强制约束。健全的法治体系是诚信规范的前提和基础。

（三）诚信意识淡薄

我国长期以来十分重视道德素养的培养，社会或高校开展了丰富多彩的道德素养培育活动，但忽略了“学”与“做”之间的联系，而只有将理论知识学习与实践学习结合起来，才能有效提高道德素养水平。

在市场经济环境下，提高效率和利益是人们所追求的目标，人们对经济利益的过度追求，势必会导致人们忽略道德素养、忽视诚信意识。

（四）社会信用体系不完善

在一个完善的社会信用体系中，个人和企业的每一次行为都会被记录下来，形成信用记录。这些记录对于个人和企业的声誉、信誉等方面都有重要影响。如果社会信用体系不完善，那么诚信行为可能无法得到应有的认可和奖励，而不诚信行为也可能无法得到应有的惩罚。这种情况下，人们缺乏遵守诚信的动力。如果社会信用体系不完善，那么一些人可能会通过不正当手段来获取利益，从而破坏诚信的原则。这种不正当手段可能包括欺诈、虚假宣传等行为，这些行为不仅会损害他人的利益，也会破坏整个社会的诚信氛围。

为了提高人们的诚信意识，需要不断完善社会信用体系。这包括建立更加完善的信用记录系统、加强信用监管和惩戒力度、推动信用信息的共享和交流等措施。只有这样，才能让人们真正意识到诚信的重要性，并自觉遵守诚信原则。

二、诚信建设促进社会主义市场经济健康发展

诚信建设对于社会主义市场经济的健康发展具有重要的促进作用。它不仅能够提高市场效率、优化市场环境、提升企业品牌形象、改善宏观经济运行、促进国际合作与交流、激发创新活力、保障金融稳定、推动法治建设、提高社会治理效能、增进民生福祉等，还能够为社会主义市场经济的持续、健康、稳定发展提供有力支撑。

1. 增强市场主体信任

诚信是市场交易的基础，能够减少交易双方的信息不对称和不信任。

通过诚信建设，可以增强市场主体之间的信任，降低交易成本，提高市场效率。

2. 优化市场环境

诚信建设有助于规范市场行为，打击欺诈、假冒伪劣等违法行为，维护公平竞争的市场秩序，为市场经济的健康发展提供良好的环境。

3. 提升企业品牌形象

诚信是企业长远发展的基石。通过诚信经营，企业能够树立良好的品牌形象，赢得消费者的信任和支持，从而在激烈的市场竞争中占据有利地位。

4. 推动法治建设

诚信建设与法治建设相辅相成。通过诚信建设，可以促进法律法规的完善和实施，提高全社会的法治意识，为市场经济的健康发展提供有力的法治保障。

5. 提高社会治理效能

诚信建设有助于提高社会治理的效率和效果。在一个诚信的社会中，信息更加透明，行为更加规范，社会治理的难度降低，治理效果提升。

6. 增进民生福祉

诚信建设能够保障产品和服务的质量，保护消费者权益，提高民众的生活质量。同时，诚信也能够促进社会和谐稳定，增进民生福祉。

三、建设和完善社会诚信体系

（一）加强政府诚信建设

政府信用对于整个社会的信用具有引导和示范作用，它直接影响着社会环境，也直接影响着全社会的诚信水平。构建和完善政府诚信对于构建整个社会的诚信体系具有不可替代的作用。打造诚信政府、提高政府公信力是当前解决诚信问题、建立和完善社会诚信体系的重点。

1. 转变政府职能，实现向服务型政府的转变

转变政府职能、建设服务型政府是我国社会主义市场经济深入发展形势下的必然要求。当前建设服务型政府，必须大力倡导政企分开，使政府职能真正转变到经济调节、政策制定、市场监管、社会管理和公共服务上，真正发挥市场在资源配置中的基础作用，使行政职能错位、越位和缺位问题切实得到解决。

2. 保持和加强行政行为监督

有法必依、执法必严、违法必究是获得公众信任、维护公众合法权益、树立司法权威和实现政府宗旨的一个重要途径。因此，加强司法部门、人民群众和新闻媒体对行政组织及其工作人员的监督势在必行。

（二）完善企业信用体系

企业是整个经济的微观基础，也是推动经济发展的主体力量。人无信难立，企无信难兴。信用是企业的无价之宝。信用是企业参与市场竞争的经济身份证，是企业的生存之本。企业信用建设是社会信用体系的核心组成部分。

1. 建立企业信用管理体系，强化企业信用意识

从企业外部举措来讲，应建立和完善企业征信制度，逐步建立企业征信数据库。企业征信数据库是包含企业经营状况、发展状况和信用状况等信息的数据库，它是评价企业诚信状况的基础。根据国外企业数据库建设的成功经验并结合我国具体情况，建设我国企业诚信数据库应该分两个层次进行。

第一，政府执法管理监督部门在企业诚信状况的基础上，建立和完善监督部门的信息数据库。第二，有关政府部门积极依托现代信息网络技术，不断提高监管水平。金融管理、工商、税务、质监等部门分别建立信用登记系统、企业质量档案和质量信息库等，科学评定企业的信用等级，提高市场经营主体的资信透明度。同时，利用举报投诉系统、不良行为警示系统和监督处理系统，向全社会公布企业的不良行为，促使企业守法经营。

2. 加强企业内部诚信制度建设

加强企业内部诚信制度建设，应以提高企业运行主体以及员工的诚信素养为主。首先，建立企业的诚信经营运作机制，保证在诚实守信原则基础上合法经营，不弄虚作假，拒绝不正当竞争，接受社会及消费者的监督。其次，建立企业和员工之间的互信机制。企业法人代表及负责人必须拥有诚信意识，做到言必信、行必果、诺必践，树立企业诚信运行的核心和灵魂，为广大员工做出表率。与此同时，企业要加强对员工诚信意识的教育和培养。

（三）加快个人诚信体系建设

1. 加大公民诚信教育力度

加大公民诚信教育力度是加快个人诚信体系建设的重要内容。一方面，充分利用各种形式的教育手段，包括高校教育等，加强人们对诚信体系建设的认识，教育人们科学认识诚信的时代内涵和要求，认识到诚信在新时代的重要性。另一方面，强化媒体的宣传作用，利用电视、广播、报纸、网络等媒体，广泛宣传诚信的重要性和典型案例，形成全社会关注诚信的良好氛围。

2. 设立个人诚信档案

应加快研究和制定个人诚信档案的统一征信标准、内容及办法，建立科学有效的个人诚信管理制度。首先，由政府部门牵头，组织相关机构组成个人诚信档案数据库管理中心，共同研究和制定个人诚信档案的统一征信标准、内容及办法。其次，对每个成年人设置终身“诚信档案”，促使个人把讲诚信作为自己终身的“安身立命”之本。最后，政府通过建立个人信用的记录、评价制度，为社会提供准确的个人信用信息，可以使守信者获得更多的认可和社会交往机会，而失信者则无机可乘。

第三节　大学生的诚信现状

高校被视为知识的“象牙塔”，在这片净土上，大学生可以专心研究学问，提升自身价值。经济的发展提升了人们的生活水平，人们在教育上投入的时间、精力、金钱比以往有了极大的提升，因此对大学生的期望也随之提高，这使大学生所面临的压力增大。再加上大学生在这一阶段缺乏一定的判断力，社会上一些不良的思想就会对大学生造成一定的影响。在这种社会发展形势下，高校的诚信发展面临着很大的挑战。

一、部分大学生政治诚信缺失

政治诚信是大学生作为政治主体参与社会活动应具备的基础的政治道德素养。我国正处于社会转型期，政治、文化、社会等都发生了巨大的变化，大学生所具有的政治道德素养所发挥的作用逐渐增强。从整体上看，大学生群体的意识形态在主流上是积极的、健康的、向上的。广大大学生同党中央保持高度一致，表现出了高度的政治觉悟、严密的组织纪律性和强烈的爱国热情。但不应否认的是，存在部分大学生政治诚信缺失的现象。

（一）政治价值追求上的异变

1.追求官位升迁

传统的“官本位”的思想依旧影响着当代的年轻人。部分大学生在校期间申请入党、参加大学生组织等不是为了提升自身的综合素质和能力，而是为了毕业后能够找到一份好工作，能够进入国家机关。大学生的这种思想使部分大学生组织失去了为大学生服务的作用，成为政治资本的试炼场。

2.追求现实利益

在市场经济以及外来文化的影响下，大学生的思想观念也发生了变化，大学生的现实主义思想逐渐加强，理想主义思想逐渐下降。部分大学生认为理想过于远大，不愿花费大量时间、精力去追求个人的理想，而是追求当下的现实生活。如今大学生追求现实利益的一个突出特点就是对自己所追求的物质、金钱毫不掩饰。在政治上，部分大学生对于当下发生的政治事件关注不够，对于不同的政治立场也较为淡漠。

（二）政治理论认识上的困惑

西方各种思想的大量涌入，导致了一股宣扬淡化政治的社会思潮。其实淡化政治就是“淡化意识形态”，西方借助全球化的思潮，采取更隐蔽、更富欺骗性的方式方法，极富技巧地攻击和否定社会主义意识形态。意识形态的淡化论具有明显的资产阶级性质。从政治倾向上看，它从资产阶级民主、自由、人权等政治价值出发，推出庸俗进化论和社会改良主义，从根本上否定共产主义作为社会未来的理想价值和作为现实社会主义制度的实践价值；从哲学倾向来看，它以折衷主义、相对主义和多元主义为基调，崇拜自发性和多元化，根本否定辩证唯物主义的科学世界观，因而具有鲜明的唯心主义倾向；从实践上看，它是对社会主义意识形态的瓦解。所以说，所谓淡化意识形态，实际上是淡化了马克思主义、社会主义意识形态，强化了资产阶级意识形态，其本身就具有强烈的意识形态性。这种鼓吹“全球主义”，主张淡化、消解意识形态的思潮在我国的意识形态领域产生了比较严重的负面影响。

（三）政治信念追求上的迷惘

1.理想选择上的困惑与迷茫

经济的快速发展，各种思潮的涌入，在促进大学生自身发展的同时，也给大学生带来了一定的困扰。一方面，外来文化能够丰富大学生所拥有的知识，扩大大学生的知识面；另一方面，大学生难以对纷繁复杂的外来文化进行分析、判断，容易受到不良文化的影响。纷繁复杂的文化、思想增加了大学生的选择难度，使大学生产生困惑心理，不知道自己该选择何种理想。大学生在走向社会后所接触的内容与他们在高校书本上所学到的内容有时并不相符，使他们对所学内容产生怀疑，导致大学生的社会理想信念变动较大，其持久性和主动性也较差。

2.缺乏履行社会责任的意识

多数大学生的独立意识较强，注重通过个人的努力奋斗，实现自身的价值。在这种思想的引导下，人们的专业能力得到了提升，但是其合作精神、集体观念等思想意识有明显的下降。多数大学生在社会活动中只愿充当主角，而不愿当配角，产生了重视个人价值的实现而轻视社会价值实现、只愿索取而不愿奉献等问题。

二、大学生经济行为中的诚信缺失

经济行为中的诚信缺失指大学生在处理与自身经济相关的问题时，所表现出来的不诚信现象。近年来，大学生经济失信的案件时有发生，加强大学生的诚信教育成为道德素养培育的重要内容。

（一）拖欠学费

恶意拖欠学费的现象在部分高校时有发生，学费所欠的金额也在逐年上升。其原因主要是大学生将学费挪为他用，例如，将学费用于消费、用于炒股等。大学生故意拖欠、缓交学费也是原因之一，部分大学生在发现周围其他同学未缴纳学费时，持观望态度，故意延迟；还有部分大学生将学费放置于银行以获取一定的利息而故意不缴纳学费。上述这些失信行为不仅阻碍了大学生自身的发展，也影响了高校的正常运转，损害了大学生在人们心中的形象。

（二）申请奖助学金中的不诚信

随着社会的发展、国家对高等教育的重视，各高校按照比例，拿出一定的专项资金用于大学生的奖、勤、贷、减、免等，为保证贫困大学生能够顺利完成学业，教育部还提供一定的奖助学金。这些奖助学金的发放一方面要根据大学生的家庭情况，另一方面要根据大学生在高校的学习情况。部分大学生为了能够得到高校或国家发放的奖助学金，谎报申请资料、弄虚作假；部分大学生为了提高自己的成绩，对老师“死缠烂打”，希望老师能够尽可能地多给分，以此来获取奖学金，等等。这不仅对大学生个人的发展产生了重要影响，还直接影响到高校信誉。

（三）申请助学贷款的不诚信

国家助学贷款是在国家信用的基础上，为经济条件困难的大学生所提供的放款方式，大学生在校期间可以享受无息贷款，它以大学生的诚信、能够如期还款为前提。国家助学贷款的实施，为大学生提供了一定的经济保障，解决了贫困大学生上学难的问题，同时还有助于大学生树立独立自主、诚实守信的良好品质。

有关调查表明，我国助学贷款由于大学生的失信行为而计入坏账的比例近10%。部分地区或高校由于失信比例较高，已被银行列入“黑名单”，停止该地区或高校的助学贷款发放。更有甚者，部分大学生隐瞒家庭的真实情况，通过虚假的贫困证明来骗取助学贷款。这些大学生在助学贷款中的失信现象，增加了后来贫困大学生参与助学贷款的难度，使贫困大学生的上学之路更为艰难。

（四）网络诈骗

互联网的发展为人们的生活带来了便利，也隐藏着巨大的风险。随着电子商务规模的不断扩大，网上购物开始流行，其便捷的操作方式、多样的购物资源受到了人们的喜爱。人们不仅使用网上购物的方式购买商品，部分大学生还使用这种方式挣钱。在这一过程中，大学生失信这一问题得以凸显，主要表现为两方面：一方面，部分作为买家的大学生会提供虚假信息，收到货物后不付款，甚至谎称自己未收到货物，逃避付款；另一方面，部分作为卖家的大学生在网上销售商品时，难以保证其产品质量，或者收到货款后不及时发货骗取他人钱财。这些都是大学生在网络购物中的失信行为。

三、大学生学习中的诚信缺失

大学生学习压力大、对社会认识不足、技能欠缺等，再加上高校或家庭监管不严，很容易导致大学生的学习诚信问题。这些问题不仅损害了学术环境的纯洁性，也影响了学生个人的成长和社会的整体信任体系。以下是一些常见的学习中的诚信缺失现象。

（一）作弊行为

1. 作业抄袭

老师会根据所教授的内容布置作业，以帮助大学生巩固知识，同时激发大学生独立思考。但存在部分大学生直接复制网络上的内容或同学的作业，而不进行思考，不发表自己的意见或观点。这严重影响了大学生的发展，更违背了老师布置作业的目的。

2. 考试作弊

考试是检验大学生学习效果的主要方式，是检验大学生学习水平的重要环节。大学生的考试成绩与奖学金、毕业证、保研等有直接的联系。因而存在部分大学生在考试中通过各种手段，如偷看他人试卷、使用隐藏的电子设备、事先准备答案等，来获取不正当的优势的现象。

（二）论文抄袭

论文抄袭是指将他人的作品或研究成果，未经原作者许可且未给予适当地引用或注明来源，而将其作为自己的成果进行发布或提交的行为。论文抄袭通常包括以下几种形式。

1. 直接复制粘贴

直接复制粘贴是最直接的抄袭方式，即将他人的文章、段落或数据直接复制到自己的文章中，不做任何引用或说明。

2. 改写不注引

改写不注引是指对原文进行一定程度的改写或释义，但其本质上仍然是他人的思想或研究成果，且未在文中进行恰当的引用。

3. 伪造数据

在学术研究中，伪造或篡改数据也是一种严重的抄袭行为，这会严重影响研究的可靠性和学术诚信。

4. 重复发表

将自己的研究成果在不同的期刊或会议上多次发表，而不进行适当的披露，这也是一种抄袭行为。

避免论文抄袭的关键在于尊重他人的知识产权，正确引用和注明他人的作品或研究成果，并确保自己的研究工作具有原创性。

（三）课堂纪律松散

课堂纪律松散通常指在教学活动中，学生的行为未能符合既定的行为规范，导致教学秩序混乱，无法有效进行教学和学习的状态。其常见的表现有上课迟到或早退、逃课旷课、不参与课堂讨论、不做笔记或不认真听讲等。例如，逃课旷课已成为大学生中普遍存在的一种“常态”。尤其是对于一些内容较晦涩的课程，旷课的现象更为严重。在大学生中甚至流传着“必修课选逃，选修课必逃”的旷课法则。

第四节　大学生的诚信教育

大学教育能够培养大学生形成完整的人格，促进大学生的全面发展，因此，开展诚信教育具有十分重要的作用。在开展诚信教育时，既要有对大学生有宏观上的诚信要求，也要有针对大学生制定微观上的诚信标准，全面落实大学生的诚信教育。

一、诚信教育的意义

诚信教育的开展主要是让大学生认识到诚信在道德层面的重要含义，使大学生形成诚信道德情感，强化诚信道德意志，然后外化为诚信道德行为，最终使大学生形成强烈的诚信价值观、世界观和人生观，指导大学生以后的行为，从而塑造一个高尚的人格品格。

（一）诚信是社会构建的道德基础

诚信作为中华传统美德，早已渗透到社会生活的各个方面。诚信在社会生活各个方面发挥着重要的作用，是社会各项事业得以正常运行发展的基础，我们所要建设的社会要以诚信道德为基础。如果没有诚信，民主就难以取信于民；没有诚信，法治建设就难以得到民众的尊重和维护；没有诚信，公平和正义就难以体现；没有诚信，人与人之间也难以和谐相处；没有诚信，民主法治、公平正义、诚信友爱、充满活力、安定有序、人与自然和谐相处的社会主义和谐社会也将难以实现。因此，诚信是社会构建的道德基础，建立和谐的社会环境离不开诚信。

（二）高等教育要求大学生重视诚信

在我国，高等教育的目的是培养和造就能够适应社会发展的有道德、有文化、有理想、有纪律的社会主义建设者和接班人。在如今的社会发展中，高等教育的开展一方面是为了促进个体的知识积累和身心发展，另一方面是为了推动社会的发展。高等教育通过人才的培养来促进社会的发展，教育目标和教育内容都是在社会需要的基础上确定的，是按照社会的需要来培养人、教育人。

现如今大学生中所存在的一些失信行为并非大学生不知道其中的对错，而是难以在社会实践生活中践行正确的做法。因此，高等教育对大学生的基本要求就是重视诚信，提高大学生的诚信意识是实现大学生全面发展的基础。因此，提高如今大学生的诚信教育是如今大学生道德素养培育的重点内容。

（三）诚信是社会公德道德建设的基本要求

诚信是社会公德道德建设的基本要求，是道德素养培育的重点，也是维系人与人之间关系的重要纽带。《公民道德建设实施纲要》中明确指出，在我国有些领域和地方，不讲信用、欺骗欺诈成为社会公害，并指出要在全社会大力倡导和培养“明礼诚信”的基本道德规范，努力提高公民道德素养，促进人的全面发展。

大学生诚信教育的开展在全社会的诚信教育中发挥着重要的作用。一方面，大学生道德素养的提升能够带动社会形成良好的社会风气；另一方面，大学生道德素养培育为社会的发展提供更多具有诚信的高水平人才。

（四）诚信教育是构建社会主义和谐社会的需要

诚信友爱指全社会互帮互助、诚实守信，这是社会和谐的重要特征。

诚信是做人之本，是一切道德规范的基础和根本，是社会生活中基本的道德规范。大学生是促进社会发展的重要力量，是祖国的未来，担负着推动社会进步的重任，因此其道德素养规范不仅影响着自身的人际交往和事业发展，还会对和谐社会的建设产生重要影响。

1.诚信是构建和谐社会的前提

和谐社会的“和谐”主要指事物与事物的合适配套，指事物内部的、外部的良性关联。它是系统的、整体的，同时又是具体的。这就使构建社会主义和谐社会成为一项整体的伟大工程，它体现于社会的方方面面，包括政治和谐、经济和谐、文化和谐、生态和谐等，而这些整体的和谐是离不开基础和谐的，诚信就是和谐社会的基础。

2.诚信促成和谐社会道德诚信风尚的形成

在社会转型时期，随着全面建设小康社会伟大事业的不断深入和社会主义市场经济的不断发展，人们的思想观念也发生了很大的变化。作为最活跃、最富于变化的群体，大学生以先进生产力的活跃群体、马克思理论的追随者、科学文化和科学精神的传播者、中华传统美德和社会主义道德实践者，以及健康生活方式倡导者等多种角色，在参与改革、稳定大局、协调处理不同利益关系方面发挥着越来越突出的作用。所以，加强当前大学生道德诚信教育，有利于促使大学生成为有理想、有文化、有知识的人，成为现代化事业的建设者，以自身良好的道德素养影响全社会道德水平的提高。

3.诚信有利于和谐人际关系的形成

诚信是我国优秀的传统美德，是人与人建立人际关系时最重要的道德准则。在如今的社会发展中，诚信对维持社会的稳定发展发挥着重要的作用。大学生是促进社会发展的重要人才，是社会主义事业的接班人和建设者。大学生的诚信道德素养不仅影响着大学生自身的发展，对社会的发展也发挥着重要作用。诚信不仅是个人的立身之本，也是国家的立国之基。因此，在开展大学生道德素养培育中，要注重对诚信素养的教育，提高大学生的诚信道德素养，与他人形成平等互信的良好人际关系。

4.诚信是和谐社会的道德标尺

诚信是公民应当遵守的基本道德规范，在公民的个人生活和发展中发挥着重要作用。诚信友爱的社会环境，诚信是前提，如果人们之间缺乏诚信，彼此之间的关系就会紧张，那么友爱也就无从谈起；如果人与人之间没有友爱，那么彼此之间就不会互相帮助，那么和谐社会就会难以实现。因此，诚信是和谐社会的道德标尺。

二、诚信教育的内容

（一）马克思主义诚信思想教育

马克思主义是我们立党立国的根本指导思想，是全党全国人民团结奋斗的共同思想基础。马克思比较详细地探讨了信用问题，形成了丰富且比较完整的信用体系。要运用马克思主义的原理，从社会发展和社会关系中分析诚信的本质特征，理解诚信对个体成长、社会发展的特有价值，从思想上对大学生进行理论武装，培养他们的诚信信仰。因此，大学生诚信教育必须以马克思主义理论为指导，用马克思主义诚信思想教育武装大学生的头脑，使之真正深入头脑、扎根人心。

（二）中国传统诚信文化教育

诚信文化在我国由来已久，流传了数千年，其中的某些内容已经深入人心，与我们的血液融合在一起。随着时间的推移，人们会对传统文化中的思想内容重新进行审视，保留和发扬优秀传统文化。例如，传统诚信文化中强调的实事求是，即使在今天也具有极强的现实意义，是如今社会诚信道德的重要组成部分。中国传统诚信文化教育是指通过教育和实践活动，传承和弘扬中国历史上的诚信思想和行为规范，以此来培养现代社会中个人和组织的诚信意识和行为。

（三）现代诚信教育

就现代社会而言，诚信具有“真诚、诚实、守信”和“信任、信用、信托”以及“诚信原则”等含义，大学生诚信教育既是高校道德素养的培育，又是一种社会伦理教育和法治教育。现代诚信伦理教育要让大学生从自己的内在需要和现实特点出发，认识道德要求，形成一定的道德认识，产生道德情感体验，进而形成一定的道德信念，并将其内化为道德行为，即实现知、情、意、行的统一。

首先，要注重“以人为本”的诚信教育观。在社会思潮多元化、指导思想统一化的前提下，诚信教育必然要以适应新形势为目标，凸显“以人为本”的理念，坚持尊重人、理解人、关心人，有针对性地解决不同大学生的思想、学习、就业等问题，在解决问题中传播诚信文化和思想。

其次，要注重诚信法治教育。在现代社会，往往“你中有我，我中有你”，人与人之间的社会交往带有很大的不确定性，如果没有相应的社会信用制度和法律作为保障，市场经济则难以维持正常运转。因此，现代诚信不但体现在道德层面，而且也是一种法律规范，体现了契约诚信的特点。所以在现代市场经济中全社会都应进行诚信法治教育，强化公民诚信法治观念，使大学生充分认识到违背这一原则将不但受到舆论的谴责，而且要受到法律的严惩，从而起到惩戒教育作用。

最后，要注重诚信伦理教育。诚实守信不但是一种道德操守，而且是孕育其他道德品行的基础，它几乎渗透到人们日常生活的方方面面。在市场经济条件下，诚信具有更新、更广的时代内涵，大学生诚信品质体现在大学生的政治追求、专业学习、人际交往、经济生活以及择业创业等方方面面。

三、提高大学生诚信教育实效性的对策

提高诚信教育的教学效果和大学生的诚信素质，是高校教育中的重点

内容。为提高大学生的诚信教育效果，可以从以下几个方面着手。

（一）加强大学生诚信道德素养培育

1.加强社会实践，增强诚信意识

人们在实践的过程中反复地使用理论知识，才能加强对理论知识的认识，诚信教育亦是如此。人们只有在社会实践中不断地对诚信教育内容进行“内化—外化”“外化—内化”，才能将诚信内化于心，加强对诚信的认识和把握，从而提高自身的诚信素质。

缺乏一定的诚信实践，使诚信教育理论与实践脱节，是如今大学生诚信教育效果较差，缺乏一定诚信素养的主要原因。实践是诚信教育的最终目的，也是开展诚信教育的关键所在，人们只有在实践中才能将诚信教育内容内化，从而养成良好的诚信习惯，在社会中做到诚信做人、诚信做事。因此，诚信教育活动的开展不能仅局限于课堂和讲坛，而是应走向实践、走向生活。高校也应为大学生在校内校外的实践创造良好的条件，使大学生有更多的机会参与社会实践，积极调动自身的优良品质和课堂所学知识，提高自身的诚信道德素养。

2.培养道德情感，磨炼诚信的道德意志

道德情感是个人对现实生活中道德关系和道德行为的爱憎、好恶、信任、同情、痛苦等内心体验和主观态度，它往往成为道德实践的直接动机。如果没有情感的加入，道德就会变得枯燥乏味，通过教育所培养出来的人也只是虚伪之人。因此，在开展大学生道德素养培育时，要培养大学生对道德素养的情感，磨炼诚信的道德意志，将所学的道德素养理论知识内化为自己的道德品质，通过自己的道德行为表现出来。

所谓道德意志，是个体在履行道德义务的过程中，通过自觉地确定目的、支配行动、克服困难等表现出来的能动的实践精神。它有三个重要特征：自觉性、自主性、自律性。诚实守信是道德素养中的重要组成部分，提高人们的诚信意识，仅凭外在约束是无法实现的，还需要提高大学生的

内在意志。只有大学生具有坚定的诚信意志，才能克服外界环境中的各种困难，按照社会道德规范自觉地调控自己的行为。

（二）创新大学生诚信教育理论体系

高校在开展道德素养培育工作时，除了对现有的诚信教育的基本理论展开研究，还要对诚信教育的理论进行创新，创建一套更为合理、规范的大学生诚信体系，将社会中的一些先进理论引入其中，针对社会的发展对诚信教育课程进行一定的调整，从而提高诚信教育的针对性、实效性。高校应将大学生诚信教育与其他领域结合起来展开细致的研究，如政治诚信教育、经济诚信教育、学习诚信教育、就业诚信教育等，完善诚信教育的理论体系。道德素养培育工作还应注重对诚信教育的基本规律和诚信教育的特殊性进行研究，丰富诚信教育的深度和广度，完善诚信教育内容，满足社会对诚信教育理论的需要。

（三）加强大学生诚信教育制度建设

高校应针对大学生的实际情况，制定操作性强、针对性强、制约性强的信用制度，将诚信的各方面要求体现在各项规定中，以此为基础来开展大学生的诚信教育，为大学生的学习、工作和生活提供指导，从而提高大学生的诚信品质，遏制大学生中存在的一些失信行为。

1.完善规章制度，强化监督力度

加强大学生诚信教育制度的建设，不仅要完善各种诚信制度，还要建立与之相应的考评体系和诚信档案，强化对大学生诚信教育学习效果的监督力度。除此之外，还要营造出良好的诚信校园氛围，完善关于诚信的校规校纪，以此来规范大学生的行为，起到一定的警示作用，避免大学生因一时冲动做出的失信行为。要加强校内诚信教育的监督管理，制约大学生失信行为的发展，保证诚信教育的效果。

2.完善诚信奖惩制度

个人道德信念的发展不仅要靠自身道德信念的约束，还要靠外界条件的约束。因此，高校应根据大学生的情况制定一系列操作性强、针对性强、制约性强的奖惩制度，让大学生认识到失信行为所带来的危害以及诚实守信所带来的益处。高校在每一学期都应当进行一次诚信评定，对大学生的道德素养进行测评，使其在奖助学金评定、助学贷款申请、荣誉称号的评定、入党人员的推选、研究生保送等方面得到体现，及时对大学生的诚信行为进行奖励，对大学生的失信行为进行惩罚，调动大学生自觉开展诚信活动的积极性。

3.加强诚信档案管理制度

大学时期是大学生进入社会的准备阶段。大学生在大学时期的档案信息会对大学生的生活工作产生一定的影响，大学生在校期间的诚信档案与社会上的诚信建设是联系在一起的。因此，为促进诚信的长效机制的建立，健全社会上的诚信制度体系，高校应针对大学生的诚信情况，制定对应的诚信档案。要客观记录大学生的诚信情况，规范大学生诚信建设的各个环节，使大学生的诚信行为能够直接与社会诚信建设接轨。

4.建设大学生诚信评估机制

为保证诚信教育的效果，各高校应根据本校的实际情况制定适应的大学生诚信评估机制，对大学生的诚信行为开展客观公正的评价。其诚信评估机制的制定，可以在其他领域的信用评价指标体系基础上进行适当的调整，为大学生的诚信评价提供标准。大学生诚信评价的开展可以采取多种形式，如大学生自评、同学互评、老师评议等，诚信评价的结果能够为诚信奖惩的实行提供参考依据。

（四）转变传统的教学制度

1.“单向灌输”变“双向交流”

教学制度的改革，凸显了大学生在课程活动中的主体性。随着社会的发展以及人们生活水平的提高，扩大了大学生的认知范围，大学生在教学活动中凸显自身主体性的要求更为强烈。传统的教师“单向灌输”的教学方式已经无法满足大学生的需要，无法满足诚信教育的需要，因此，应对传统的教学模式进行创新，促进师生之间的“双向交流”，针对大学生在现实生活中的需要，选取贴近大学生生活的教育内容，将社会上大学生关注的热点问题引入课堂，组织大学生对社会上的诚信问题展开讨论，从多方面提升大学生对诚信的认知。

2. 针对性教育

每个大学生由于生活环境、价值观的不同，对诚信的态度也各不相同，因此其所暴露出来的诚信问题也各不相同，因此，应根据大学生的实际情况，采用针对性的教学方法。

3.“显性教育”变“隐性教育”

为提高思想道德素养的教学效果，促进大学生的长远发展，教师在开展思想道德素养培育时，除了传统的课堂教育方法，还应注重自身的品行，以身作则，为大学生树立良好的榜样，为大学生创建良好的诚信环境，使大学生在周围环境的影响下形成自身的诚信行为。

4.“注重认知”变“重视实践”

诚信道德是人们通过了解学习相关的道德理论，然后在实践中自觉、主动地践行，是由内化转为外化的过程。大学生的思维极为活跃，因此教师在开展诚信道德教育时，应采用大学生喜欢的教学方式，积极组织各种实践活动，从而对大学生开展针对性的诚信教育。此外，还可采用调研的方式，让大学生对校园失信的情况进行调查，对调查的结果进行分析，进而使大学生了解大学校园诚信情况，了解失信的后果，提高大学生诚信教育的渗透性。

（五）营造“以诚实守信为荣”的大学生诚信教育环境

社会环境对人具有重要的影响。为提高诚信教育的效果，应为大学生提供良好的诚信教育环境。

首先，要全面提升公民的诚信水平，在社会上树立良好的社会风尚，形成诚信的社会大环境。国家和社会要积极宣传诚信的内涵，使大众了解失信的危害，在大环境的驱使下使大学生认识到诚信的重要性，加深对诚信的认识和理解。

其次，要营造良好的家庭诚信教育环境。家庭是孩子的第一所高校，父母是孩子的第一任教师，家长的言传身教对孩子有终身的影响，因此家庭诚信教育环境对大学生的诚信教育具有十分重要的作用。大学生在家庭中的诚信教育不是家长将诚信教育的观念强硬地灌输给子女，而是在日常生活中言传身教，用自己的行为去感化子女，使大学生在潜移默化中增强自身的诚信素质。

最后，高校要从全局开展大学生的诚信教育，将诚信教育贯穿教育的始终。高校不仅要针对大学生在校期间的诚信行为展开相应的教育，提高大学生在校期间的诚信素质，还要建立大学生的诚信档案和测评体系，将高校和社会起来，增强大学生在社会上的诚信意识。在这一过程中，要重点关注大学生在信贷、就业等与诚信关系较为密切的内容，帮助大学生解决在生活、学习、工作中所遇到的困难，指导大学生选择正确的人生道路。

（六）提高大学生道德素养培育工作者的素质

大学生道德素养培育工作者是大学生诚信精神的倡导者、诚信契约的议定者、诚信规则的阐释者、诚信行为的践行者、诚信公民的塑造者。大学生道德素养培育工作者所承担的责任不仅是传道授业，更是身体力行，用自己的实际行动为大学生树立良好的榜样。当前，高校普遍对道德素养培育工作的重视程度不够，受市场经济发展的影响，道德素养培育工作者的责任意识和角色认同感也较低。所以，高校要提高对大学生道德素养培育的重视程度，关注道德素养培育工作者的队伍建设与发展，提高相关待遇，定期开展对教师的培养工作，建立长效的培训机制，提高教师的综合素质与责任认同意识。

第七章
爱情观与大学生道德素养培育

大学生应该树立正确的恋爱观，掌握有关爱情、婚姻与家庭的一般理念与法律规范。无论是爱情，还是婚姻与家庭，都是人生中的一大主题，是人类繁衍生息的力量源泉。大学生掌握有关爱情、婚姻与家庭的社会规范，有助于他们在今后的生活中找到正确的爱情航向。

第一节　爱情、婚姻与家庭

生活在社会关系中的个体，绝大部分都不可避免地要经历恋爱过程。恋爱可以视作双方组建家庭的“前奏”，是恋爱中的双方作为一个新的、独立的家庭单位进行工作和生活的开始。但无论是爱情还是婚姻，都应当建立在双方彼此倾慕、爱恋的基础上。一旦双方明确了恋爱关系，就表明双方有将对方作为伴侣的意愿；而缔结为合法夫妻之后，婚姻中的双方便要彼此扶持，共同度过生活中的各种磨难与坎坷。

一、爱情的本质与特征

（一）爱情的本质

爱情隶属人类精神生活的范畴，它指男女之间彼此倾心、爱恋，并且真诚地渴望对方陪伴自己一生的一种深沉、持久且炙热的情愫。从自然特征的角度来说，性爱应当被看作人类爱情的源头。但应当明确的是，自然特征仅仅是促使人类产生爱情的一个方面，人类作为社会群居动物定然还存在着社会性内容，即个体往往有着自身的兴趣、思想、灵魂、志向等，而这些精神因素会促使个体形成不同的精神需要。在爱情中，此种精神需要又被称作情爱。综合而言，爱情是人的自然属性和社会属性的和谐统一，受到社会各种思想习惯的影响。

爱情的自然属性从生理层面为爱情的产生奠定了重要根基。所有动物都具有性爱这种本能，恰恰是有了这种本能，不同的种族才能够世世代代繁衍下去。而爱情则不仅仅停留在生理层面，它具有突出的社会性，是一个有机体系。由此，爱情成为男人和女人之间进行社会性情感交往的一种最为普遍的、有效的形式。这样，我们就能够把爱情定义成一种将生理、美感、道德、心理等诸多要素有机结合起来的一种高尚、圣洁的情感活动。

责任是爱情的核心。相爱的男女要彼此扶持、彼此陪伴，缔结婚姻关系的双方更要为对方负责，要共同孝敬双方的父母，共同抚养子女。恰恰因为肩负着更多的责任，所以爱情并非总是浪漫的，而是也会有辛酸及苦涩等感觉，但唯有肩负起责任和义务的爱情，才能够被称为真正的爱情。

爱情受个体的感性情绪支配，同时它又蕴含着一定的理性。恋爱是存在于人类社会中的一种普遍现象，它涵盖了下列阶段：一是男女双方初恋阶段，二是男女双方热恋阶段，三是步入婚姻扮演家庭角色阶段。爱情的内涵极为丰富：爱情是美好的，但对爱情的经营则充斥着种种困难；美好的爱情需要双方共同努力才能获得；爱情包含着对真、善、美的要求，唯有男女双方在爱情的指引下真诚相待，才能够收获爱情的甜美果实；在爱情关系中，男女双方应当彼此欣赏，彼此倾慕，并争取以己之优势弥补对方之劣势，在爱情中尽到自己的责任。爱情之所以崇高、伟大，恰恰因为它具有突出的、优良的精神特质，也正是这些特质将人性的进步和升华清晰地呈现出来。

（二）爱情的特征

1. 自主性和对等性

爱情是男女两个个体之间的倾心与爱慕，是双方自觉、自愿所做出的情感选择。爱情的自主性指一个人在产生、发展和结束一段感情时，都有自己独立的选择和决策权。这种自主性是建立在个体的自由意志和尊重之上的。每个人都有权利选择自己想要爱谁、如何去爱，以及何时结束这段感情。

爱情定然是两个个体的“琴瑟和鸣”，而非单个人的独自狂欢；在恋爱关系中，需要两个人的双向付出，而非一个人辛苦地取悦另一个人。爱情的对等性体现在两个人在一段感情中都应该享有平等的地位和权利。这包括在关系中的投入、付出和收获等方面都要平等，以及在关系中的决策、沟通和解决问题时也要有平等的参与权和发言权。

爱情的自主性和对等性是相互关联的。只有在一段感情中保持自主性，才能使这段感情更加真实和自由；只有在一段感情中保持对等性，才能使这段感情更加稳定和健康。

2. 专一性和排他性

爱情的专一性指一个人在同一时间只能真心爱一个人，而且这份爱是只属于两个人的。它是在一段时间内，对一个人的专注和忠诚。这种专一性是建立在情感互动和亲密关系的基础上的，它需要时间和经历来培养和维持。

爱情的排他性则指这份感情仅属于相爱的两个人，不允许有第三者介入。这种排他性是基于相互尊重、信任和承诺的关系。当两个人决定在一起时，他们会自然地排斥外界干扰，以保护他们的感情免受伤害。

爱情的专一性和排他性是相辅相成的。只有在一段感情中保持专一，才能使这段感情具有排他性；只有在一段感情中保持排他性，才能使这段感情更加稳定和长久。在恋爱关系中，男女双方都应当将自己的情感全部投入其中，不仅要通过语言向对方传递自己的爱意，还要将这份真挚的情感化作具体的行动。爱的安全感需要爱是专一的和排他的。

3.社会性和道德性

爱情的社会性指爱情不仅仅是两个人之间的事情，它也与社会、文化和环境等因素密切相关。一方面，社会和文化背景会影响人们对爱情的认知和期望，不同文化背景下的爱情观念可能存在差异。另一方面，社会环境和人们的生活经历也会影响爱情的发展和表现形式。

爱情的道德性指爱情需要符合道德规范和价值观。在一段感情中，两个人需要遵守诚实、尊重、忠诚等基本的道德原则。同时，他们也需要考虑自己的行为对他人和社会的影响，避免伤害他人或违反社会规范。

爱情的社会性和道德性是相互关联的。只有在符合社会规范和道德原则的基础上，爱情才能得到社会的认可和支持；只有在社会和文化背景下，爱情才能更好地发展和成长。

（三）爱情与人生

对于个体来说，一段美好的爱情是人生中不可多得的财富。爱情自产生后便与个体的人生紧密结合在一起。一段美好的爱情能够给予个体强有力的精神支撑，促使其渡过难关，让人生具有更强的幸福感。而爱情所带给个体的责任感，则能够激发个体的上进心，让个体以更加积极的态度对待人生。而一段令人痛苦不堪的爱情只会令生活变得更加坎坷和困苦，并让个体的人生态度变得更加消极甚至产生自卑感。尽管爱情并非生活的全部，却在很大程度上决定着个体的生活状态。总而言之，个体要想获得精彩、出色的人生，就应当创造并维系美好的爱情，并且在爱情中始终保持正确的“航向”，结出丰硕的爱情果实。

二、婚姻与家庭

人类对爱情的推崇与讴歌根源于爱情对人生的重要意义。爱情是人生的重要组成部分。爱情是婚姻的基础，婚姻与家庭是爱情的结果。

（一）婚姻家庭的意义与价值

对于个体来说，婚姻和家庭是其人生的重要组成部分。婚姻对于个体的重要性丝毫不亚于事业。幸福的婚姻和成功的事业都是个体在人生中所应当具备的，两者之中无论缺少了哪一个，个体的生命都会具有一定的残缺感。

婚姻指法律承认的两性夫妻关系。家庭是以血缘关系、婚姻关系、收养关系等为基础所生成的、由亲属所构成的一种基本的社会生活单位。通常是先有婚姻后有家庭，婚姻最终的结果便是组建家庭。而我们已经明确家庭是社会的基本组成单位，那么家庭和社会之间定然存在着千丝万缕的联系。由此可知，婚姻和家庭在很大程度上影响和决定着社会的稳定程度。婚姻状态也会影响个体的工作表现，而个体的工作表现也会给社会发展等带来一定影响。若一个人的家庭十分和谐幸福，并且个体在组建家庭后清醒地意识到了自身肩负的责任，那么他就会用更积极、认真的态度对待工作，而良好的家庭和工作状态定然会使社会更加稳定、和谐。

（二）婚姻家庭的属性与本质

婚姻家庭关系是存在于人类社会之中的一种特殊关系，它令个体之间实现了独特的联结，它既有自然属性，又有社会属性。这里所说的自然属性指成立婚姻家庭所不可或缺的各种自然因素，如婚姻关系中双方的性别差异、个体自然本能等。这里所说的社会属性指法律赋予家庭的一些属性，如婚姻家庭的生成、变化及发展都要受到社会生产生活等方面的影响，并且在很大程度上受到上层建筑的约束。从中可以看出，对于人类社会的婚姻家庭来说，自然属性仅仅是促成其出现和发展所不可缺少的基本条件，社会属性才能够被视为其内在本质。

对于婚姻和家庭来说，社会属性是较为关键的一项属性。社会变迁直接催生了婚姻家庭，并且在很大程度上决定着婚姻家庭的形式变化。在人类社会漫漫发展长河中，社会生产力发生了几次极为明显的变革，而这些变革直接推动了婚姻关系的改变。因为无论何种社会，其婚姻都定然和是其生产关系相符合的。

在现代社会，脱离了婚姻，家庭是无法形成的。家庭是组成社会的基本单位，也是推动社会发展的重要动力。唯有个人家庭构建起和谐稳定的关系，社会总体才能够变得更加和谐。另外，和谐稳定的家庭除了在推动社会进步方面具有突出的现实意义，还有利于促进个体的发展和提升。唯有拥有一个和谐、温馨的家庭，个体才能在人生的各个阶段收获更多的幸福感。家庭的存在也让个体更有奋斗的动力，在人生道路上有更加明确的目标。

第二节　树立正确的爱情观

大学生正处在长身体、学知识、求发展的黄金时期，随着心理的发育，恋爱需求日益凸显，心理矛盾错综复杂。如何正确看待恋爱问题，正确处理好恋爱与学业、友谊的关系，正确应对恋爱中的挫折，是每个大学生都要面对且需要认真思考的问题。

一、大学生的恋爱现象

（一）大学生恋爱类型

不管是从生理角度还是从心理角度来说，大学生谈恋爱都具有一定的合理性，不应当受到社会的指责和批评。通常，大学生已经成年，加上刚刚摆脱高考之下的高压状态，他们自然而然地会对爱情产生憧憬和向往。

但很多大学生并不清楚爱情的要义。这里先介绍大学生恋爱现象的四种类型。

1. 理智型

理智型的大学生能够理智地对待双方的恋爱关系，不会因为爱情而影响友情及学习等方面。理智型的大学生在恋爱关系中往往会具有更强烈的学习欲望，他们在爱情力量的驱动下不断实现自我提升，在丰富自身知识的同时参与各种社会活动，让自己实现全面发展。此类大学生在高校中往往有十分出色的表现。另外，在大学毕业步入社会后，此种类型的大学生往往有更大的概率缔结婚姻关系。

2. 感情型

感情型的大学生在爱情关系中往往理性不足、感性有余。他们在恋爱时更注重内心的感受，会将大部分精力放在恋爱方面，甚至会沉醉于爱情之中从而耽误学业，甚至有的已经无法投入学习活动而不得不面临退学的局面。此类大学生在感情顺意时往往一切安好，一旦感情出现变故或者遭受挫折就会产生十分消极的情绪，主观上认定自己是人生的失败者。

3. 需要型

需要型的大学生更多地把恋爱视作某种工具，他们希望通过与他人恋爱来让自己摆脱内在的苦闷、空虚、失衡等负面情绪。部分大学生因高校较为宽松的生活和学习环境，会产生非常严重的迷茫感、空虚感，此时他们倾向于通过谈恋爱来消除这些情绪。在他们看来，谈恋爱是丰富生活、获取他人关爱的有效形式。另外，也有大学生是因为在校期间无人陪伴感到孤单，或者为了证明自己的个人魅力而匆匆与对方确定恋爱关系。这类大学生对于爱情并没有形成正确的认知。

4. 开放型

极少数大学生受社会和西方一些不良风气影响，对恋爱追求“杯水主义”和性解放，还自认为是开放新潮和前卫，结果不仅害了别人，也害了自己。

（二）大学生的恋爱心理矛盾

1.主次关系的矛盾处理不当

没有真学识、真本领的人往往很难在社会上立足。大学生唯有努力提升自身的知识水平、努力提高自身的综合素质、掌握专业技能，日后才能够在激烈的社会竞争中脱颖而出。很多大学生能够清醒地意识到这一点，但部分大学生在恋爱之后往往会将这些认知抛于脑后，仅仅关注眼前的爱情悲欢，让爱情成为束缚自身发展的枷锁。从这个角度来说，爱情实际上也是把双刃剑：若大学生能够理性地对待爱情，爱情则会激励他们积极向上；若大学生不能用正确的态度对待爱情，爱情则会束缚他们的发展。

2.内外关系的矛盾难以协调

有些大学生不直面现实生活压力，社会活动范围也比较小，所以他们往往会用一种比较简单、直接的眼光看待问题，对待恋爱问题亦是如此。通常来说，人们在内心中往往会构想出一个完美的对象形象，并且会依照该形象去择偶和确定恋爱关系。但实际上，内心构想出来的完美对象终究是虚假的，在现实生活中很难找到与之完全对应的人。一些大学生在择偶和恋爱之初会十分注重对方的外表，不乏有人因为对方外表好看而急忙跟对方确定恋爱关系。错误的择偶观让他们开启了一段错误的恋爱关系，当交往一段时间后，他们就会产生这样的想法：原来对方并不适合我，而且缺乏底蕴的爱情无法长久维系。当他们发现自身的恋爱关系出现问题后，就会把这段关系搁置一旁，令其暂时告一段落，重新开启一段新的恋爱之旅。而这也能够解释为什么大学生的恋爱关系无法维持较长时间。

3.现在与将来的矛盾难以把握

大学生在恋爱时往往不会考虑未来的发展，直至毕业时才开始思考各种现实问题。来自不同地区的恋爱双方在毕业后会相隔千山万水，面对地域的阻隔，很多大学生往往会选择放弃自己的爱情。另外，一些在毕业时没有分手的大学生，在步入工作岗位后眼界和择偶观念会发生改变，从而感觉原本的恋爱关系不成熟，从而萌生分手的想法，甚至直接结束恋爱关系。

4.享受与责任的矛盾难以统一

在高校，并非所有的大学生都会以认真的态度对待爱情，部分大学生将爱情视作增加自己体验和享受的方式，而没有切实肩负起恋爱关系中自己应尽的责任。这样一来，恋爱关系就会变得十分盲目、随意、轻率、自私，扭曲了爱情的面貌。这种爱情不管是维持还是消失，都不利于男女双方的成长。

二、正确对待爱情与学业和友谊的关系

大学生如何对待爱情在很大程度上影响其人生的发展。高校应对大学生恋爱予以正确引导，有条件的甚至可以开设相关课程。

（一）爱情与学业

爱情和学业是人生的重要组成部分，各自扮演着不同的角色。学业是大学生成长和发展的基础，使大学生获得知识、技能和能力，为未来的事业和生活打下基础。而爱情则是人类情感生活中不可或缺的一部分，能够给人带来快乐、满足和安全感。

然而，在某些情况下，爱情和学业之间可能存在冲突或矛盾。例如，当一个人过于沉溺于爱情时，可能会忽略学业的重要性，导致学习成绩下降或者时间管理不当。同样地，当一个人过于专注于学业时，也可能会忽略爱情的需要，导致感情出现问题。

平衡好爱情和学业之间的关系是非常重要的。这需要个人在时间管理、目标设定和优先级排序等方面做出合理的安排和决策，也需要个人在自我认知、情感管理和沟通能力等方面不断提升自己，以便更好地处理爱情和学业之间的复杂关系。

总之，爱情和学业都是人生重要的组成部分，它们相互影响、相互制约。只有平衡好两者之间的关系，才能更好地实现个人的成长和发展。

（二）爱情与友情

爱情与友情是两种不同类型的人际关系，但也存在相似之处。爱情和友情都是基于互相理解、信任和支持的关系。在一段健康的友情或爱情关系中，双方都会尊重彼此的感受和需求，并在困难时给予帮助和支持。这种情感联系可以帮助人们渡过难关，增加生活的幸福感。

爱情与友情之间也存在一些区别。首先，爱情通常涉及更多的浪漫情感和性吸引力，而友情则更多地建立在共同兴趣和价值观的基础上。此外，爱情通常比友情更具有独占性和排他性，因为爱情往往需要更多的时间和精力来维持和发展。

尽管如此，友情和爱情也可以相互转化或同时存在。有时，一段深厚的友情可能会逐渐发展成为爱情关系，而一段稳定的爱情关系中也包含着深厚的友情成分。在这种情况下，人们可以在彼此交往中获得更多的情感满足和成长机会。

爱情和友情虽然有所不同，但它们都是人类生活中重要的人际关系。通过平衡好这两种关系的需求和界限，人们可以更好地实现个人的成长和发展。

三、大学生恋爱中的问题与应对措施

（一）爱情错觉

“爱情错觉”在日常生活中的常见表现就是单相思，它指个体单向爱慕另一方的畸形恋情。单相思实际上是感情中的误会所造成的。通常情况下，单相思被划分成如下两种类型：第一种，对方与自己并不熟悉，也从未向自己传递过关于爱情的信息，而自己却执着地爱慕并且追求对方；第二种，对方的一些言行让个体误以为对方对自己有爱慕之情，故而对对方产生了执着的爱情，这种爱情从本质上来说仍旧是单向的，并非两个个体间正常的双向互动。

在高校存在着较为普遍的单恋现象。之所以会出现此种问题，是因为部分大学生并不具备十分成熟的心理素质，他们往往敏感、内向、不自信且充满幻想。他们往往先对其他个体产生好感，期望对方也能够爱慕自己，基于这种心理，他们会把对方的热情、信赖、亲切错误地当作爱情的示意，并且坚信对方也对自己有好感，但与此同时，因为无法得到对方的认同又会产生强烈的痛苦感，另外有一些思想偏激的大学生会因此而纠缠对方。

避免陷入单恋的关键在于不要让自身产生“恋爱错觉”，个体要保持冷静的态度，通过细致、客观的观察辨别对方的真实情感；要着重考察信息的反复性，尽管有时候单一信息传递出了较为明显的意图，但应当知道，单一信息在很多时候不足为凭；要用联系和发展的眼光来看待恋爱问题，从整体角度对对方的真正意图做出分析和判断。

若大学生正处于单恋状态，那么就要鼓起勇气承认单恋的事实，并且避免让幻想继续占据自己的心灵，浪费自己的时间，要用恰当的方式将自己的注意力转移到学业或者文娱方面，并积极地对自身的心理状态进行调整。

（二）失恋

失恋指处于恋爱关系中的一方被另一方抛弃。失恋之后个体往往会产生很多负面的情绪，如痛苦、自卑等。失恋之后大学生的种种负面心态会给其身心健康发展带来极大的阻碍，甚至会让个体产生较为严重的心理问题。因此，对于失恋者来说，要及时调整心态，让自己从感情陷阱中逃脱出来，具体可参考下列几种方法。

1. 倾诉

在失恋初期，个体心理定然会产生创伤，并沉浸在负面情绪中无法摆脱。失恋者可以跟比较亲近的、可信任的朋友倾诉，通过诉说将内心的压力和痛苦释放出来，并且让朋友给一些比较合理的建议。另外，失恋者也可以尝试通过写日记、写信的方式将内心情感抒发出来，或者通过哭泣的方式将内心压力释放出来，尽量让自己的心理更快地恢复至平衡状态。

2. 移情

移情指失恋者不再将关注点放在失败的恋爱关系上，而是更多地关注与失恋无关的人、事、物上。例如，可以多参加朋友聚会和各种娱乐休闲活动，释放内在的压抑情绪；也可以到公园、郊外等自然美景中放松身心。

3. 疏通

疏通指失恋者让自己保持理智的情感，不断地告诉自己爱情离不开双方的感情投入，强求的爱情是不幸福的，自己应当对对方做出的选择表示尊重。

4. 升华

在运用此种方法走出失恋阴影时，大学生要将全部心思放在自己的学业上，化失恋的悲痛为力量，让自己在学习方面更加奋进。

（三）三角恋情

三角恋情甚至多角恋情指一个人同时被两个或多个异性所追求，或者同时与两个或多个异性保持恋爱关系。此种恋爱关系是畸形的，身处其中的恋爱者往往如陷入泥潭般难以脱身，并且会感受到极为强烈的痛苦。三角恋情会给身处该关系中的个体带来不同形式的矛盾和冲突，从而影响个体的心理健康。

在面对三角恋情时，大学生应当实事求是、具体分析，并且在此基础上迅速做出决定，切忌同时和多个人保持暧昧关系。个体若明确知道对方已经确定了恋爱关系，那么就不可插足其中。而对于恋爱关系中的双方来说，若此时有其他人对自己表示爱意，那么也应当根据具体情况迅速表明自己的态度：若更倾向于保持原本的情感，那么就要明确谢绝其他的求爱者；若自己的恋爱关系处于初始阶段，自己对后者有更强烈的情感，那么可以终止当前的恋爱关系并重新做出选择。但无论做出何种选择，都切忌陷入三角恋爱关系之中。

第三节　大学生的家庭美德培育

家庭美德是大学生所必须具备的道德素养之一。家庭美德教育也是大学生道德素养培育的一项重要内容。家庭美德涵盖了家庭所有关系的正确处理方式，与个人的幸福生活密切相关。

一、家庭美德的主要内容

家庭美德是一个良好的家庭所不可或缺的，它能够成为家庭成员之间协调彼此关系的重要规范。家庭美德不仅涉及夫妻关系、长幼关系，还涉及邻里关系。个体的幸福程度和家庭环境有着十分紧密的关联。而美满的家庭能够在很大程度上促进社会稳定。

（一）尊老爱幼

尊老爱幼出自中国古代的伦理道德观念，强调对年长者和年幼者的关爱和敬重。孟子曾说：“老吾老，以及人之老；幼吾幼，以及人之幼。”这句话表达了尊老爱幼的精神内涵，即不仅要尊敬和爱护自己的长辈和孩子，也要尊敬和爱护他人的长辈和孩子。这种道德观念在中国传统文化中有着深厚的根基，并且在现代社会中仍然被视为一种重要的价值观。

（二）男女平等

男女平等指男女在政治、经济、文化和社会生活以及家庭生活等各方面享有平等的权利，履行相似的义务。男女平等具有突出的现实意义：一方面，女性有着男性所不具备的优势因素，因此她们能够对男性的不足之处加以弥补，例如，女性在子女教育方面所展现出来的母性能够给子女以正确的人生引领；另一方面，男女平等有利于维系家庭的和谐关系，例如，面对家庭重大问题时夫妻可以在协商的基础上共同做出决定，而不至于令其中一方的利益受到严重损害。

（三）夫妻和睦

家庭的主要成员就是夫妻二人，他们始终在整个家庭关系中居于核心地位。唯有夫妻二人和谐相处，朝着相同的目标奋进，整个家庭氛围才能融洽。家庭和睦是夫妻在家庭生活中应当遵循的重要准则。

（四）勤俭持家

勤俭持家给家庭中的夫妻二人提出了以下两点要求：一是努力工作，增加家庭收入；二是合理消费，在生活中避免铺张浪费。勤俭持家是中华民族在长期历史进程中形成并流传下来的传统美德，是令家庭兴旺发达的根本保证。

（五）邻里团结

若邻里关系处理得当，那么家庭成员和邻居之间往往能互帮互助，互相依靠，这对各家的生活和发展都是大有裨益的。若邻里关系处理得不好，那么不仅邻里之间会冲突四起，还会给整个社会风气造成极大的负面影响。

二、大学生家庭美德教育的方法

大学生家庭美德教育的方法多种多样，这里仅根据家庭美德的内容介绍两种方法。

（一）培养高尚的恋爱观

恋爱观是家庭美德养成的第一个方面。在恋爱中，人应持有的态度主要包括以下几个方面。

1. 互相尊重

在爱情关系中，男女的地位始终是平等的。恋爱中的双方要对彼此的权利予以尊重，处于顺境时不忘给予对方鼓励，处于逆境时不忘给予对方扶持。切忌将尊重对方解读为惧怕对方，这里所说的尊重指承认对方所拥有的一切权利，并通过自身的努力帮助对方实现成长和发展。

2. 感情专一

爱情的道德要求处于恋爱关系中的个体专一、忠贞。确立恋爱关系后，恋爱中的个体就应当对对方严守信义，将自身感情放在对方身上，在感情中尽到自己的义务。

3. 坦荡无私

若恋爱关系中的双方真心爱慕彼此，那么就不会对个人得失十分看重，也不会因为经济利益而跟对方斤斤计较。爱情是无私的，这种无私通过恋爱中个体的给予和风险表现出来。因此，无私奉献就成为衡量爱情的重要标准。若恋爱中一方给对方提出过分的要求，自己却不愿努力满足对方的需要，那么这段感情就是不对等的。

4. 理解信任

相知而不相疑，是爱情所不可缺少的一项重要条件。唯有彼此信任的两个个体，才能够产生爱情，并将这份爱情很好地延续下去。若男女双方总是彼此猜测、考验，那么最终的结果可能是伤人伤己。无论何种猜测和考验，都会增加恋爱中男女之间的距离感，降低彼此的信任程度。

5. 理智高尚

爱情是美好的、令人憧憬的，但与此同时也是复杂的、难以驾驭的。爱情的社会属性令爱情成为崇高的、充满勇气的积极力量，而爱情的自然属性则可能令人变得放纵和狂热，甚至会不顾法律、道德的制约做出违背尊严的事情。若理性无法合理地控制内在的欲望和情感，那么处于恋爱中的个体往往会做出越轨行为。不管恋爱双方的关系多么亲密，处于其中的个体都应当始终保持头脑的清醒和冷静，对这段感情做出正确的判断。

（二）增强家庭责任感

大学生步入婚姻后应当具有家庭责任感。家庭责任感指个人对家庭成员和家庭整体所承担的义务、责任和关怀。这种责任感通常体现在为家庭提供必要的经济支持、给予家庭成员情感上的支持和爱护、对子女进行教育和培养、参与家庭日常事务和家务劳动、为家庭的长远发展做规划等。家庭责任感是维持家庭和谐与稳定的基石，它不仅关系到家庭成员的幸福和发展，也对社会的稳定和发展有着重要的影响。

增强家庭责任感是一个涉及个人行为和心态改变的过程，是需要在日常生活中不断实践和加强的过程。

1. 自我反思

大学生建立家庭后，要认识到自己在家庭中的角色和责任，思考自己是否尽到了应有的责任，以及在哪些方面可以做得更好。

2. 沟通交流

与家庭成员进行开放和真诚的沟通，可以了解他们的需求和期望，同时表达自己的想法和感受，共同协商家庭事务。

3. 设定目标

为家庭生活设定明确的目标和计划，包括经济规划、教育计划、家庭活动等，确保每个成员都参与到这些目标的实现中。

4. 分担家务

积极参与家务劳动，与家庭成员一起分担家庭日常事务，形成团队合作的习惯。

5. 教育学习

通过阅读书籍、参加讲座、观看相关节目等方式，学习家庭管理、育儿知识、夫妻关系等内容，提升自己的家庭责任感。

6. 时间管理

合理安排工作和家庭生活的时间，确保有足够的时间陪伴家人和参与家庭活动。

7. 身体力行

以身作则，通过实际行动展现自己的家庭责任感，如按时完成家务、参与孩子的教育等。

第八章
职业道德与大学生道德素养培育

职业道德教育是大学生道德素养培育中的重点内容。提高大学生的道德素养水平不仅表现在提高大学生在校期间的道德素质，更表现在大学生从业后所具备的素质。因此，开展大学生道德素养培育要加强大学生的职业道德素养培育。

第一节　职业道德概述

一、职业道德的概念

职业道德是在职业活动的实施中产生和不断发展的。职业道德指在职业活动中应遵循的道德规范和行为准则，它体现了社会对特定职业群体在职业行为上的期望和要求。职业道德根据不同职业的特点和需求，将社会道德规范具体化，以指导从业者的职业行为，维护行业和社会的整体利益。例如，医疗行业的职业道德强调医德医风，法律职业强调公正无私，教育行业强调教书育人等。这些职业道德要求与职业活动紧密相关，是社会道德在特定职业领域的具体表现。

职业道德是社会道德总体体系的构成部分。职业道德可区分为两个层面，即基础层面和具体层面。基础层面的职业道德指具体社会的职业道德原则及其规范的抽象，是所有职业所具有的职业道德的总体概括；具体层面的职业道德指以特定社会的基础层面职业道德作为依据，并根据本行业的特殊要求而制定的具体职业道德规则。从哲学上讲，基础层面的职业道德和具体层面的职业道德之间的关系是一般和具体的关系。

二、职业道德的产生与发展

职业道德是随着生产力和生产关系共同发展的历史范畴。从其产生过程来看，职业道德的产生和发展必须具备两个条件。首先是社会分工。这是产生职业道德的前提。其次是职业活动。这是产生职业道德的基础。

职业道德的产生是在一定的物质基础和社会发展水平上，人们为了协调职业活动中的社会关系，保证职业活动的顺利进行，而逐渐形成的一系列伦理规范和行为准则。职业活动从本质上说是一种特定的社会关系。雇主与雇工之间发生了以职业为基础的交换关系，而在同行之间，这种交换关系又演化成为一种特定的社会关系。职业道德作为一种伦理规范约束着行业内的所有从业者。

根据社会分工的时间可知，职业道德的产生时间为原始社会后期。金属器具的使用令社会生产效率得到了大幅提升，此时一些人在农业生产中解放出来，使人们在职业上开始有了区别。由于利益调节的需要，各个行业具备了最初的行为规则。原始社会的职业道德十分粗略，处于职业道德发展的萌芽阶段。

奴隶社会时期，生产力和社会分工进一步发展，体力劳动和脑力劳动区别开来，脑力劳动者和体力劳动者之间开始有了较为突出的利益纷争。这就要求各个职业活动者约束自己的行为，形成一定的社会行为规范。这给职业道德的产生奠定了坚实的物质基础，职业道德成为社会分工中的重要内容。在奴隶社会，职业道德作为道德规范的一个重要体系已经有了较大的发展。

封建社会时期，职业道德的发展速度有所减缓，但此时已经形成了职业道德的基本轮廓。在封建社会，因为等级制度较为森严，一些行业在社会上受到歧视，所以此时职业道德的发展可以说基本上处于停滞的状态。

职业道德在资本主义社会获得了前所未有的发展。资本主义生产是以机器大工业为基础的社会化大生产。生产力逐渐发展的结果是社会分工进一步细化，社会上各个职业之间的依赖关系越来越密切。在第二次世界大战以后，第三次科技革命又使社会分工分化到一个更加深刻的程度，各行各业的关联度都达到了牵一发而动全身的地步。在这种生产力背景下，各个行业都负有对整个社会进步不可推卸的责任，职业道德的发展自然成为一个十分必要的内容。职业道德甚至作为一门必修的课程走入了社会课堂。

社会主义制度的构建为职业道德提供了优良的发展土壤，此时的人们也形成了较为鲜明的劳动意识和责任意识。在社会生产力得到大幅提升的今天，信息的传递和流通有着更快的速度，社会监督得到了更好的落实。因此我们有理由相信，社会职业道德的面貌将焕然一新。

三、职业道德的构成要素

职业道德作为一个相对独立的规范体系，是由职业理想、职业态度、职业责任、职业技能、职业纪律、职业良心、职业荣誉和职业作风等要素构成的。这些要素从不同层面反映职业道德的本质。

（一）职业理想

职业理想指个人对自己未来职业生涯的向往和追求，包括对工作内容、职业成就以及在职业发展中希望达到的目标和境界的期望。职业理想具有突出的个性化色彩，它是由个体的主观思想决定的。但应当意识到，职业理想仍旧需要接受公众的约束及监督。

职业理想是个人职业发展的驱动力，它可以激励个人不断前进，克服困难，实现自我价值。同时，职业理想也可能随着个人经历、环境变化和自我认识的深入而发生变化。因此，建立现实的职业理想并根据实际情况进行调整，对于个人的职业满意度和成功至关重要。

（二）职业态度

职业态度指个人在职业活动中所持有的稳定的心理倾向和行为倾向，它包括对待工作的看法、情感反应和行为倾向。一个积极的职业态度对于个人的职业发展和组织的成功都是非常重要的。它不仅影响个人的工作表现和职业晋升，也影响团队的氛围和组织的文化。因此，培养和维护良好的职业态度是每个职场人士应当重视的。

（三）职业责任

职业责任通常指个人在从事特定职业活动时所承担的责任和义务，这些责任通常与个人的职业角色、工作性质以及对社会、客户或同事的影响相关。职业责任是个人职业生涯成功的关键因素之一，它不仅有助于建立个人的职业声誉，也是维护行业秩序和社会稳定的基础。缺乏职业责任感可能导致工作失误、法律诉讼甚至职业生涯的终结。因此，每个从业者都应该认真履行自己的职业责任，不断提升自己的职业素养。

（四）职业技能

职业技能指个人为了完成特定职业活动而必须具备的能力和技巧。这些技能通常包括专业知识、技术能力、操作技能和相关的软技能，它们共同构成了一个人在职业领域中有效工作的基础。职业技能的获取通常通过教育、培训、工作经验和自我学习等方式。随着工作环境的变化和技术的发展，职业技能也需要不断地更新和提升。因此，终身学习和技能更新成为现代职场人士的重要任务。拥有强大的职业技能不仅有助于个人的职业发展，也对组织的竞争力和社会的进步具有重要意义。

（五）职业纪律

职业纪律是在职业活动中应遵守的行为规范和规则，它要求从业者在工作中展现出有序、负责任且符合职业道德标准的行为。职业纪律是维持职场秩序、提高工作效率和维护组织形象的重要因素。缺乏职业纪律的从业者可能会对团队的协作、工作的质量以及组织的整体运营造成负面影响。因此，每个职场人士都应该自觉遵守职业纪律，以展现其专业性和责任感。

四、职业道德的特点

职业道德是社会道德在职业生活中的具体体现，具有不同于一般道德规范的职业特征。具体表现在以下四个方面。

（一）对象上具有鲜明的专业性

职业道德仅仅对行业内从业人员的思想行为进行调节，未取得从业资格的个体自然不在调节范围内。但是，其他非行业内人员也应当对职业道德有所了解，从而更好地推动社会的发展。因为职业道德对行业内的专业人员加以规范，所以职业道德不可避免地具有突出的专业性。

（二）内容上具有稳定性和连续性

职业道德反映社会对某一职业以及该行业从业人员的特殊要求。这种特殊要求是随着长期的社会职业实践而变化的，具有一定的稳定性和连续性。这种稳定性和连续性在一定程度上体现为世代相传的道德心理、道德习惯和行为特质，通常还体现为不同职业的从业者在道德风貌上的明显差异。

（三）形式和方法上具有多样性和灵活性

为了跟上时代发展的脚步，职业道德的表现方法、表现形式也在不断变化，因而呈现出鲜明的灵活性和多样性。即便同属一个行业，各单位所制定的工作守则、规章制度、服务公约、奖惩条例等也会存在较大差异。此种职业道德细则是以行业职业道德精神为依据、针对公司的现实情况制定出来的，能够具体指导单位从业人员的行为活动。

（四）行为上体现自律与他律的统一

职业道德对从业人员职业行为调节的最终指向是整个群体的利益关系。在现实中各行各业的职业道德是同从业人员自身的利益密切相关的，当从业人员不能履行某一道德规范或存在明显差距时，往往会面临各种类型的惩戒，甚至被淘汰。如商业上的“缺一罚十”规范，作为一种公开的对外承诺，直接体现了自律与他律的统一。

五、职业道德的作用

职业道德是社会和谐与进步的重要基石，通过规范从业者的行为，保护公众利益，提高服务质量，促进经济发展和社会稳定，对整个社会产生积极的影响。从整体上看，职业道德的社会作用主要体现在以下两个方面。

（一）促使从业者道德品质成熟化

社会道德原则本身具有突出的抽象性，唯有将其应用在现实社会之中，才能变得具体化。职业道德能够促使从业者道德品质成熟化，即从业者在经过职业道德的学习和实践之后，可以在一定程度上改变或加深他们在接受教育时形成的道德认识或道德，使他们的道德观念通过学习和实践逐渐调整、充实、提高，并日趋成熟。

（二）推动市场经济健康有序发展

职业道德是市场经济健康有序发展的润滑剂和保障，它通过规范经济主体的行为，维护市场秩序，提高经济活动的整体效率和质量，从而推动市场经济的可持续发展。

职业道德能够提升企业和从业者的信誉，增强消费者和投资者对市场的信心。当企业和个人遵守道德规范、诚实守信时，市场的交易成本降低，合作和消费活动更加频繁，从而促进市场的繁荣。良好的职业道德有助于建立稳定的商业关系和长期的合作伙伴网络，这对于市场的稳定性和预测性至关重要。职业道德的实践有助于吸引那些注重企业社会责任的投资者，这些投资者更倾向于投资于道德水平高的企业，从而推动资金向更有责任感的企业流动。职业道德的实践有助于缓解社会矛盾，减少因市场不公平而产生的社会不满，为市场经济的稳定发展提供良好的社会环境。

第二节　大学生的职业道德教育

职业道德教育是为了促使人们正确履行职业职能，而对其施行有目的、有计划、有组织、有系统的道德教育活动。职业道德教育包括两个层次：一是职前职业道德教育，即对在校大学生进行的职业道德教育，使大学生学习和了解职业伦理、规范。二是职后职业道德继续教育，是指从业人员在完成某一阶段专业学习后，重新接受一定形式的、有组织的职业道德教育和培训活动。在这里我们主要介绍职前道德教育。

一、职业道德教育的重要意义

职业道德教育是塑造高素质人才、维护社会秩序、推动经济社会发展的重要基石，对于构建和谐社会和实现可持续发展具有不可替代的作用。

（一）职业道德是社会道德体系的重要组成部分

首先，职业道德与人的职业之间有着十分密切的联系，它是围绕人的职业行为所制定出来的道德规范。职业道德对行业内从事职业活动的个体关系进行调节，引导这些个体形成更高的道德素养。职业道德内容具有突出的示范性和社会公共性，它能够启发人们的思想，让公众真正依照道德准则行事，从而对社会整体产生长远、积极的影响。

其次，职业道德是现实的道德主体，是高度社会化的角色道德。大部分成年人拥有自己的职业，职业活动成为其生活的主要内容。换言之，在生活中的大部分时间里，这些职业人员的言行都要受到职业道德的规范和约束。职业道德可以长期、持续地作用于所有职业人员。职业道德是职业群体发展的一个重要推动因素。

从上述论述可以看出，职业道德是一种定向化、专业化而且层次更高、具有示范性的社会公德，在总体上主导全社会的道德体系发展。如果各行各业的职业道德水平低下，行业不正之风盛行，社会风气必然会败落；如果各行各业道德水平较高，处处从社会整体利益出发，社会风气必然会大为改观，整个社会的道德水准也会大大提高。

（二）职业道德教育是道德建设的突破口

社会整体的职业道德水平影响人们对社会风气的态度，是人们对社会进行了解和观察的关键方面。在当今社会，道德建设要把职业道德建设置于重要位置。无论何种行业，都应当依照自身的现实情况制定出科学、细致、合理的道德准则。唯有能够长期实行的道德规范内容，才便于人们落实和监督。

职业道德建设直接影响个体的职业生活质量。如今社会生产力相较以往而言有了较大的提升，社会分工也更加细化和多元，人们已经不满足于物质层面的满足，而是更加看重精神建设。借助职业道德建设，加强对个体在职业道德方面的引导，能够让他们以更加积极的心态对待工作，让他们通过工作活动实现物质和精神这两个层面的满足。

（三）职业道德教育是加强精神文明建设的重要环节

在社会主义精神文明建设中，职业道德建设是十分关键的内容，对我国物质文明建设具有十分重要的价值。落实职业道德建设，能让个体实际工作和道德建设实现更好的耦合，从而在推动物质建设的同时推动我国当前的精神文明建设。职业道德建设的主要作用在于对工作者的职业道德水平加以提升，它以敬业乐业、勤业精业作为教育内容的基础，以公正、合理、律己、守纪、奉献为职业道德教育的核心要旨。在职业道德教育方式的推动之下，职业道德教育会成为当今社会精神文明建设的一项重要支撑。

二、高校开展职业道德教育的意义

高校开展职业道德教育对于学生、高校自身、企业以及整个社会都有着重要的意义。

（一）社会主义职业道德不会自发形成

社会主义职业道德从属于共产主义思想体系。此种道德素养不会自发地在群众头脑中、在社会上形成和出现，其形成离不开特定的教育活动。一方面是因为社会主义职业道德始终奉行为人民服务的宗旨，故而它和一般的职业道德具有本质上的区别；另一方面，社会主义职业道德和教育活动是彼此关联、密不可分的，若缺失了道德教育活动的指引，个体思想可能会逐渐被旧的职业道德所侵蚀，从而阻碍个体的良好发展。大学生处于人生发展关键阶段，也是形成职业道德的最佳时期，若缺失了正确的教育，那么他们就无法形成良好的职业道德。

（二）职业道德教育是培养“四有”新人的需要

我国的教育活动将培养“四有”新人作为重要目标，而职业道德教育自然也将实现该目标作为最终旨归。具体而言，从“有理想”的层面来说，职业道德教育应当引导大学生树立坚定、崇高的职业理想，并且让他们自觉地将自身职业理想和社会理想统一起来。从“有道德”的层面来说，大学生所具有的道德品质应当借助职业道德素养、职业实践加以检验和体现。也唯有在实际的职业生涯中，人们才会更加真切地体会到道德所发挥的重要作用。从“有文化”的层面来说，社会主义职业道德建设要求大学生具备一定的专业技能，并且能够随着时代发展不断更新和提升自身的技能，真正通过自身的努力和才学为社会做出贡献。从“有纪律”的层面来说，社会主义职业道德建设要求受教育者具有较强的纪律观念。职业道德范畴本身就包含着职业纪律的内容。

（三）高等教育需要加强职业道德教育

从总体情况来看，大学生职业道德建设情况和两个文明建设这两方面之间是彼此协调的。受社会上种种不良思潮的影响，很多大学生的道德观念出现动摇，并且部分大学生的道德素养开始呈现“负增长”的现象。通过调查研究可知，大部分大学生存在道德困惑问题，在面对部分社会问题时他们往往不知道应当做出何种道德抉择；另外，还有部分个体尽管主观上十分不满于社会道德现状，但为了谋求利益他们往往会对不良的道德现象选择视而不见。在市场经济不断发展的今天，西方很多思想进入中国的大学校园，对大学生造成或多或少的影响，其中部分大学生的思想受到外来思潮的侵蚀而逐渐变得扭曲。

所以，从这些方面来看，高校必须加强大学生社会主义职业道德教育，帮助他们树立正确的职业道德观念，使他们理性看待社会中存在的客观职业差异，认识到只要勤奋工作，在本职岗位上做出相应的成绩，就能赢得社会的尊敬。

三、职业道德教育的内容

（一）正确的职业观教育

正确的职业观教育是大学生职业道德教育的首要内容，职业观教育主要包括以下三个方面。

1.劳动光荣教育

让大学生树立正确的劳动观念，真正认识到生活与劳动是密不可分的。另外，无论从事何种职业的劳动者都处于平等地位，不应当对不同职业的劳动者区别对待。

2.尊重劳动果实教育

无论何种劳动成果都应当受到人们的尊重，因为这些劳动成果都是用劳动者的辛勤汗水换来的。另外，大学生还要认可自身劳动价值，相信自己只要在业务方面付出时间和精力，用踏实的态度对待劳动，就能够创造出独特的工作价值。

3.个人价值教育

大学生要客观、准确地衡量自身的能力水平，在职业方面树立远大目标，在力争达到个人目标的同时也要满足社会需要，真正把个人利益和社会利益、国家利益联系起来。

（二）主人翁劳动态度教育

实施职业道德教育的目的是让大学生明确自己的劳动主体地位，并且真正认识到自己是国家的主人。大学生通过劳动获取劳动成果，不仅能够提升自身生活质量和水平，同时也能够促进国家的稳定及发展。所以，大学生要真正以主体心态看待所有劳动，并且在现实生活中全心全意地投入工作和劳动之中。

（三）履行职责、遵守纪律教育

职责指所有从业者对于国家和社会理应承担起来的一切责任。对于已经走上工作岗位的工作人员来说，其职责毫无疑问就是对工作尽职尽责。职业规章制度用文字的方式明确、细致地将职业纪律呈现出来。对于即将踏入社会工作的大学生而言，高校应当通过实施教育活动让他们树立正确的职业观念，让他们养成自觉意识，能够在日后的工作中严格遵守相关规章制度。若大学生走上工作岗位后仍旧没有形成明确的纪律观念和责任感，那么就无法顺利地进行劳动生产，自然也就无法取得较为可观的劳动成果。

所以，高校应当重视对大学生纪律、职责等观念的培育，要让大学生明确，无论将来自己走上何种岗位，都要忠于职守，依照职责规定严格地约束自身的言行。

四、职业道德教育的主要特点

（一）目的性

职业道德产生于特定的生产关系和职业生活之中，并具体通过行业内从业人员的思想及行为等体现出来。由此可知，职业道德教育的主要特点如下：通过职业学习提升个体的道德素养，为高校全面人才的培养助力，为行业发展提供道德层面的服务。社会主义的职业道德教育要求社会中的各个行业、各个单位都成为培养和提升共产主义道德的主要阵地。

（二）多元性

职业道德有着突出的多元性，具体通过以下几方面表现出来：首先，职业关系具有多个层次，这就意味着职业道德定然具有多元性特点；其次，职业道德和人类活动的诸多方面具有内在关联，如人的知、情、意、信、行等，这也使职业道德教育定然具有多元性特点。正因为职业道德具有多元性特点，所以职业道德教育的开展应当从不同的角度着手，通过多元教育活动促使大学生真正在内心树立起职业道德意识。

（三）具体性

职业道德是一种具体的道德，应该根据不同的职业确定职业道德教育的内容。大学生职业道德教育要融入一定的职业技术内容，甚至要从职业技术本身出发，结合一般性的社会道德内容，确定具体的教育内容。

（四）实践性

职业道德教育的实践性特点包括两个方面的含义：一方面，职业道德教育应体现社会实践的一般性要求；另一方面，职业道德教育的内容应符合社会实践对职业道德的要求。实践是认识发展的动力，离开实践，一切都是空洞的说教。

五、职业道德教育的具体方法

（一）形象教育

形象教育指的是将各种特殊的教育形式和职业道德教育相结合，借助生动、轻松的娱乐活动实现对大学生思想意识的引导和深化，指导大学生真正树立起崇高的职业目标和优良的道德风尚。形象教育的内容应当真实、丰富，并且最好使用本校之前发生过的先进事迹作为主要教育内容。形象教育要始终将党的基本路线作为根本导向，真正将党和国家的任务置于重要地位，借助文化艺术手段更好地达成职业道德教育目标。另外，职业道德教育也可以是在潜移默化中进行的，例如，可以把先进人物的品质、事迹等作为重要内容加以弘扬，让大学生受到先进思想的熏陶，从而自觉地对社会不良现象和不良风气加以抵制。

（二）示范教育

示范教育的方法主要是通过典型人物或事迹直接有效地感染受教育者。这种方法突出了教育的先进性，是一种行之有效的教育方法。

示范教育的一项重要任务就是选取恰当的典型和榜样。英雄、模范的高尚、英勇事迹能够在很大程度上对人们的思想品德产生影响。在整个社会中，先进人物有着崇高的共产主义道德，其事迹有着极强的说服力，能够感染和引领社会中更多的个体落实良好的道德行动。

通常人物典型的选取要注意下列几点：第一，所选取的典型不应局限在某一领域或者某一阶段，典型应当是来自不同方面的，既可以是行业中的佼佼者，也可以是历史上非常值得敬重的英雄人物；第二，搜索选取的典型应当十分恰当，不仅要有先进的事迹、崇高的道德，还要真实，值得人们信赖。

（三）说服教育

要想顺利地实现职业道德教育的目标，就不应采取粗暴、强硬的教学方法，而是要科学实施道德教育，通过对大学生进行必要的引导使他们真正认识到职业道德素质的重要性并自觉对自身职业道德素质加以提升。具体而言，教育者应当始终怀着关心、爱护的心情耐心地对大学生展开相关的教育活动。

实施说服教育，重点就是要通过摆事实、讲道理，提升大学生的认识水平、理解能力。因此，教育者应当通过调查研究摸清当前大学生所面临的各种问题，在此基础上落实针对性的教育活动，提升道德教育活动的趣味性、知识性、思想性，从而顺利实现预期的教育目标。

第九章
新时代大学生道德素养培育的价值实现

大学生道德素养培育是否有价值，人们对于这一活动结果的价值判断是否正确，都需要在大学生道德素养培育价值的实现过程中寻找答案。实现大学生道德素养培育的价值是认识和创造其价值的目的及逻辑发展的归宿，它既是大学生道德素养培育实践的终点，也是大学生道德素养培育价值活动的起点。对于大学生道德素养培育而言，其价值只有在实现后才能真正满足大学生及社会的需要，实现主体和客体的统一。

第一节　大学生道德素养培育价值实现的实质路径

对于大学生道德素养培育而言，只有其所蕴含的道德、思想、认识、情感等道德素养培育内容被作为教育对象的大学生所接受，内化为大学生自身所具有的深刻、稳定的心理结构，并外化为一种现实的思想意识和行为习惯，才能称之为实现了其价值。

一、大学生道德素养培育价值实现的实质

（一）潜价值到显价值

大学生道德素养培养的价值，是指大学生道德素养培育是否能够满足

作为价值主体的人的需要，以及对推动社会进步所产生的效用。其中，如果主体所表现出来的需要越发强烈，客体在一定程度上能够满足主体的需要，那么其表现出来的价值也就越多；反之如果主体的需要越发强烈，客体不能满足主体的需要，那么其表现出来的价值也就越小。

潜价值和显价值是事物在发展过程中的两种价值形态。潜价值是指道德素养未满足人们的需要，但具有满足人们需要的可能性；显价值是指道德素养培育的作用得到了发挥，满足了人们的需要，其价值得以实现。一个事物的潜价值只有被主体所消费或吸纳时，才能转换为显价值。潜价值并不等同于无价值，而是与显价值、现实的价值相对应的一种价值形式，是未显示出来但已经为主体所认识到的一种价值形式。由此可见，一个事物价值的实现并非是从无到有的过程，而是由潜到显、由可能转为现实的过程。

大学生道德素养价值的实现是从生成、展开、确立的过程，是逐渐由潜价值发展为显价值的转变过程。对于大学生来讲，也只有在这一价值实现的过程中才能满足自身利益的需要，才能实现自身的价值。

（二）思想行为的内化到外化

在大学生道德素养中，人的外在价值与内在价值不同。内在价值指个体已经具备或已经形成的良好品德、知识、能力等，是个体所具有的内在本质力量。外在价值指内在价值对象化，是个体的品德、知识、才能等内容对社会、国家以及集体等所产生的效应。从整体来看，内在价值与外在价值是相互联系的统一体，内在价值是外在价值的基础和根据，外在价值是内在价值的外在表现和对象化。在人的实践中，内在价值逐渐转化为外在价值，外在价值的发展也会进一步发展和丰富人的内在价值。

内化是指大学生对道德素养培育的内容进行筛选、接纳，将其纳入自己的道德素养知识结构中，用理论的道德素养知识来指导行为规范，进而转化为自己的知识。外化是人们将自身的道德素养在具体的实践中表现出来，在此过程中促使自己形成良好的道德素养习惯。在大学生道德素养培育过程中，内化与外化是紧密联系在一起的，内化是外化的基础，外化是内化的前提，只有将内化与外化结合起来，才能最终提高大学生的道德素养水平。在内化与外化循环发展的过程中，人们的思想道德素养会逐渐由低级向高级发展。

在实现大学生道德素养培育价值的过程中，大学生道德素养培育作为活动客体，其内容、要求、属性等内容能够作用于主体，对大学生产生一定的影响，并运用自身的道德认知、道德判断等能力对这些道德素养培育的内容进行加工、处理、改造，将其内化为意识和动机，再将其外化为行为，对人和社会产生一定的积极作用，实现大学生道德素养培育的现实价值。大学生道德素养培育内容的内化与外化过程，既是主体能动性与创造性发挥的过程，也是客体价值实现的过程。

二、大学生道德素养培育价值实现的路径

（一）理念基础

理念基础是指导和支撑道德素养培育的核心思想，它对于确保道德教育的方向性和有效性至关重要。大学生道德素养培育的理念基础为大学生道德素养培育提供了指导思想和行动框架，有助于形成系统的教育内容和方法，实现大学生道德素养的有效提升。

1. 人的全面发展

人的全面发展不仅是道德素养培育的目标，也是实现这一目标的理念基础。其核心在于强调道德教育不仅是知识的传授，更是促进大学生的全面发展，使其成为德智体美劳全面发展的社会主体。

2. 社会主义核心价值观

社会主义核心价值观不仅是道德教育的重要内容，也是大学生道德素

养培育的理念基础。社会主义核心价值观为国家、社会和个人提供了基本的价值遵循，它包括富强、民主、文明、和谐；自由、平等、公正、法治；爱国、敬业、诚信、友善等价值取向，这些价值观对于引导大学生形成正确的世界观、人生观和价值观具有重要作用。通过培育和践行社会主义核心价值观，可以使大学生坚定文化自信、理论自信、制度自信和道路自信，增强他们为实现中华民族伟大复兴的中国梦而努力的信心和决心。

3.终身学习理念

终身学习理念为大学生提供了一个持续成长和发展的框架，使他们能够在不断变化的世界中找到自己的位置，并为社会做出贡献。在知识更新加速和社会快速变化的背景下，终身学习成为个人适应社会发展和实现个体发展需要的重要方式。大学生作为未来社会的中坚力量，必须具备持续学习的能力和意愿，以便不断地更新知识和技能，适应未来的工作和生活环境。通过终身学习，大学生不仅能够提升自己的知识和技能，还能够在道德和伦理方面不断进步，成为有责任感和有道德的公民。

（二）根本途径

实践是实现大学生道德素养培育价值的根本途径。人们是在实践的基础上产生的认识，反过来认识能够指导人们的实践，也就是物质可以转换为精神，精神也能够转换为物质，只有通过实践才能实现这种转换。人们认识世界和能动的改造世界的过程就是实践、认识、再实践、再认识的循环往复过程。可以说，人类所进行的社会实践就是人追求价值和意义的活动，如果没有人的实践，就不会有社会文明和价值。

实践由三个部分组成，即物质生产实践、交往实践、精神生产实践。物质生产实践是人类社会存在和发展的基础，交往实践和精神生产实践是在此基础上实现的。物质生产实践对社会生产力的发展起着决定性作用，生产力是推动社会发展的决定力量，因此，物质生产实践决定着历史的发展和进程。在这三项实践内容中，物质实践是基础，是人的交往实践、精神生产实践的物质基础，只有人的物质实践能够满足人的基本需要，其交往实践、精神生产实践才会得到发展。从某种程度上说，物质实践决定着交往实践、精神生产实践。

人们所进行的物质生产实践主要是为了满足人们的物质需要，所进行的精神生产是为了满足人们的精神需要。人们的文化活动本质上是创造价值的活动，是体现在人类创造的物质财富和精神财富中的、以价值体系为核心的一整套规范的结构和功能的统一。因此，人的精神生产实践也是一种创造价值的实践，兼具社会意识的能动性和主体性。精神生产实践不仅能够创造精神产品，同时还能够创造物质产品，人们物质生产实践的社会功能在精神生产实践的指导下会变得更为强大。与物质生产实践相比，精神生产实践是在更高层次、更全面地认识世界，它能够克服主客体、人与自然、人与社会之间的对立。

交往实践是人与人建立良好社会关系的社会实践，是社会生活中必要的社会实践，也是人本质存在的方式，在人的发展中发挥着重要的作用。交往实践在如今的社会生活中发挥着重要的作用，是21世纪哲学的主导范式和中心视界。主要表现为：第一，当代哲学的主导范式是交往实践，也是全球化发展趋势的内在逻辑；第二，随着世界哲学主导思维方式由“主体—客体”模式逐渐向“主体—客体—主体”的三级结构关系发展，只有交往实践观才能科学解答主客之间的交际难题；第三，交往实践观与中国传统哲学、当代西方哲学和马克思主义哲学融合起来，成为马克思主义哲学在当代的理论范式。

交往实践是大学生道德素养培育价值得以实现的基础，人们只有在交往实践中认同、接受了道德素养培育的内容，并将其内化为自己的行为准则，然后将其外化为自己的实践，才能够体现大学生道德素养培育实践的效果。与交往实践相比，生产实践对人的价值塑造所产生的影响较小，没有交往实践深刻。人们在交往过程中，价值观的传递较快，能够对人们产生重要的影响。教育也是一种交往形式，人们在交往的过程中能够促进价值观的快速传播。

在实践过程中，大学生道德素养价值主要分为发现价值、创造价值、享受价值三个步骤。人们在交往过程中，个体自身的思想道德、价值观等内容会被其他主体所认知，相互之间产生影响。当主体在交往过程中认识和接受了一定的价值观后，就会受该价值观的影响，将其内化为自己的思想，支配自己的行为，用自己的实际行动来维护自己所倡导的思想要求、道德规范，从而在实践中实现大学生道德素养培育的价值。

（三）具体途径

大学生道德素养培育能够满足人们的需要，是其价值实现的基础，其价值的实现可以通过两个途径实现，即外源性的灌输引导以及内生性的接受选择，在实际的教育过程中，这两个方面是彼此联系的，共同提升人们的道德素养。

受成熟机制以及其他各种因素的影响，人们在不同年龄段会表现出不同的接受能力。在道德素养培育中，教师应引导大学生理解道德素养培育的相关规范，然后将其内化为自己的体系，然后将其转化为实践，在实践中丰富自己的理论体系。在这一过程中，需要不断强化大学生的实践能力，这就需要将理论知识间接地灌输给大学生，其灌输的本质是引导。

大学生道德素养培育价值的实现，就是将道德素养规范灌输到受教育者的头脑中，这里所说的“灌输”并不是“强迫”，而是一种引导，是在尊重大学生人格、价值观的基础上，给予大学生一定的价值引导。

外部的灌输引导仅仅是给大学生的道德素养发展指引一定的方向，其主体的道德素养提升最终还是要靠主体的内生性的接受选择、自主构建来完成的。这种构建具有双向性，一方面，学习者通过脑海中已经存在的知识来构建当前事物的意义，以超越所提供的信息；另一方面，被利用的知识并不是原封不动地照搬过去，而是根据实际情况加以选择，将知识重新构建。

在大学生道德素养培育过程中，要有明确的教育目标和教育内容，以及教育者的指导，使受教育者能够有选择地接受所教授的各种知识。大学生道德素养培育中的思想、政治、认识、道德等内容，只有被受教育者所接受，将其内化为自己的心理结构，外化为自己的实践行动，才能真正提高大学生道德素养培育的教学效果，大学生的道德素养水平才会获得提升，才会自觉履行自身的道德责任，从而实现自己的价值。只有这样，大学生才会自觉地投身到维护社会道德思想、道德规范的工作中，才能推动社会的发展。在社会实践中，大学生既是物质生产者，能够为社会创造物质价值；也是精神生产者，能够为社会创造精神价值；还是社会中的一个组成部分，能够为社会创造道德、文化继承、种族延续等综合价值。大学生道德素养培育价值就是在这一过程中得以实现的。

第二节　大学生道德素养培育价值实现的具体路径

一、教育的重要途径

（一）政府主导

政府在推动大学生道德素养培育中担负着重要责任，政府应发挥自身的主体作用，综合社会各种力量，统筹各种社会资源，为推动大学生道德素养培育的发展创造必要条件。如果没有政府的支持，那么教育部门就难以调动社会各种资源，难以为道德素养培育提供良好的环境，大学生道德素养培育就难以落实。

政府在大学生道德素养培育中所发挥的主导作用主要是指政府在宏观上通过有效的法规、政策以及各种行政措施来引导、调整、监控大学生道德素养培育的进程，其基本含义主要有两层：一是政府利用强制手段与措施，强制扫除推行素质教育过程中遇到的各种障碍，为大学生道德素养培育的发展铺平道路；二是逐步建立完善与素质教育相关的法律法规体系，强化高校在素质教育中的自主权，为素质教育的发展创造条件。

提高大学生的道德素养是一项长期的战略任务，包括经济、政治、文化、社会建设等多方面的内容，在构建和谐社会发展中发挥着重要的作用。政府有关部门应该根据《公民道德建设实施纲要》，充分认识到加强大学生道德素养培育在如今社会中的重要性，将其放在工作的突出位置。此外，政府还应对社会中不同的资源进行整合，有计划、有目的针对社会上不同的人群和阶层，建立和完善针对性较强的公民素质教育实施计划和步骤。要根据实际情况，建立和完善大学生道德素养培育和管理体系，制定对应的奖惩规范。

（二）高校教育

道德素养培育对人们的发展具有重要的作用，影响着人们的成功与否。社会的发展使得社会环境更为复杂，在这一环境下，我国大学生道德素养培育工作产生了一些异化现象，主要表现为以下几点：

首先，我国经济的快速发展，使人们的思想观念发生了巨大的变化，表现出较强的功利性，就连以往被视为净土的校园，也受到了极大的影响，表现出较强的功利性。受市场经济外界环境的影响，如今的大学生的道德素养学习表现出较强的功利性，这也是如今所谓“热门专业”形成的原因之一。那些毕业后不好就业、工资水平较低的专业，其大学生人数相对较少；而那些毕业后容易就业、工资水平较高的专业，大学生人数往往较多。大学生在进入大学前选择专业时，考虑更多的是薪资水平，而单纯根据兴趣爱好来选择专业的大学生相对较少。随着经济水平的提升，家长更加注重大学生的学习，为大学生报各种兴趣班、辅导班，促进大学生的全面发展。部分家长在这一过程中，仅根据该门课程的有用程度作为参考，而不考虑大学生的兴趣爱好和未来的发展方向，给大学生的学习、心理带来了巨大的负担。此外，多数教师对道德素养的认识程度较低，在教学过程中只是传授课程的一些基础知识，忽视了大学生的品行教育。各种升学考试给如今的教育带来了较大的束缚，人们开始用功利主义的眼光来看待教育的价值，教育所体现出来的价值大打折扣，仅是单向度的外在价值。对于个体而言，求学和升学能够提高自己进入社会的核心竞争力；对于社会而言，人们文化水平的提升能够提升整个社会的经济实力，实现某种政治或经济目的。

其次，在多数高校中，道德素养培育具有较强的独立性，是单独的一门课程。在大学课程中，课程的设置越发细化，不同的教师有不同的教学任务，道德素养培育只是这一门课程老师的任务，而与其他专业的老师无关，这就出现了教书不育人、科研不育人的现象，阻碍了高校道德素养培育的发展。

最后，高校里的道德素养培育普遍重视理论知识的学习，而缺乏一定的实践性，大学生的操作程度较低。道德素养培育的主要目的是提高人的道德素养，完善人的道德素养行为，具有较强的实践性。只有在社会实践中不断地对所学知识进行内化，用理论知识来指导自己的行为，才能提升自己的道德素养。如果道德素养培育脱离实践，大学生在教学活动中就会感到说教的乏味，对道德素养培育的积极性就会降低。

高校是教学系统的主体，因此在开展大学生道德素养培育时，要充分发挥高校的作用。高校应根据大学生的实际情况，制订相应的教学计划，开设相关的专题讲座，以提升大学生道德素养为核心内容，以“立德树人”为根本任务，通过道德素养培育平台，促进高校道德素养培育工作的落实，进一步提高大学生的文明程度和道德素养，着力营造“讲道德、做好人、树新风”的浓厚校园氛围。由于不同阶段、不同高校的大学生表现出来的特点各不相同，因此，应根据研究生、本科生、专科生等不同的大学生群体制订不同的道德素养培育计划，针对不同层次的大学生编写形式多样、内容不同、符合标准规范的大学生道德素养培育的教材。利用教育系统对大学生进行经常性、规范性、系统性的道德素养培育，形成全社会、全范围的道德素养培育活动，为大学生道德素养培育的发展提供良好的条件，帮助大学生树立正确的世界观、人生观、价值观，培养有理想、有道德、有文化的社会主义接班人。

（三）家庭协同

国家是由众多小家组合起来的，小家是社会必不可少的组成部分，因此在大学生道德素养培育中，家庭发挥着重要的作用。家庭美德是社会道德的重要组成部分，是家庭中每个成员都应遵守的行为准则，包括夫妻、长幼、邻里之间的关系。家庭是孩子的第一所学校，家长是孩子的第一任老师，因此，提高大学生的道德素养需要家庭协同，共同促进。人们的家庭生活与社会生活的关系十分密切，人们在家庭中处理问题的方法和态度也会在社会生活中有所反映，人们在家庭中发展的各种感情，如夫妻、长幼、邻里等，不但能够使人们的家庭生活更幸福美满，而且还能促进社会的和谐稳定发展。因此，家庭美德是道德素养的重要组成部分，如果没有良好的家庭环境做背景，就难以保证社会的文明稳定。家长道德素养的提升会直接对大学生产生影响，能够为大学生创造良好的道德教育环境。

“德才兼备”是我们培养人才的目标，其中“德”是首要任务，是如今社会环境下我国培养全方面发展人才的必要条件。道德素养培育是提高“德”的重要途径，通过道德素养培育，能够提高大学生的道德水平，使大学生自觉遵守法律法规，用自己的知识来服务社会，服务人民。大学生的道德素养培育并不仅在高校中进行，同时还在家庭中进行。对于大学生来讲，家庭所发挥的作用往往要比高校要大，父母的言传身教对孩子能够产生重要的影响。此外，家长参与大学生成长的各个阶段，对大学生的性格、人格等更为了解，因此，更能根据大学生的实际情况培育其道德素养。而且家长与孩子之间的血缘关系增加了道德素养培育的感情色彩，这是其他道德素养培育无法比拟的。

正是家庭教育的这种情感性特点，使家庭教育成为道德素养培育中的重要组成部分，只有将家庭教育与高校教育协同起来，才能取得良好的教育效果。因此，家长应根据时代的发展及时对自己的教育观念进行更新，改变以往只注重智力发展的思想，以德育为重，让大学生先学会做人，再学会成才。

在大学生的道德素养培育中，家庭发挥着天然的优势。一方面，从人的社会化发展历程来看，大学阶段是人的个性、品德发展的重要时期，大学生在这一时期具有较强的学习能力，因此是家庭针对大学生开展道德素雅教育的最佳时期。另一方面，从家庭教育特点来看，家庭教育与大学生的生活、实践的关系较为紧密，大学生更易于接受，其教育效果也会得到一定的提升。开展家庭道德素养培育的关键是提高家长的道德素养水平，社会应对家长提供一定的帮助和指导，提高家长的道德素养，进而提升家庭道德素养的教育效果，实现提高大学生道德素养的目的。

提高家长的道德素养水平，在一定程度上能够提升大学生的道德素养，进而促进大学生的成长。家长的道德素养水平主要是指家长的道德发展方向。家长的道德素养主要包括社会公德、职业道德、家庭道德等。家庭教育的核心内容是家长的道德素养，家长的道德素养水平的提升能够提高家庭教育的效果。家庭教育是一门科学，如果家长采用的方式得当，那么就会事半功倍，如果家长采用的教育方式不得当，就会事与愿违。为保证家庭教育的效果，要注意两点，一是要提升家长的道德素养水平，提高自身的综合素质；二是要有教育子女的责任心，充分发挥自身的积极性，形成良好的学习氛围，为大学生的道德素养培育提供良好的环境。

（四）社会配合

大学生道德素养水平的高低是大学生主体性的内在表现，大学生自身的主体性在其道德素养提升中发挥着十分重要的作用。除此之外，环境对大学生道德素养的提升也发挥不容忽视的作用，影响着主体的思想和行为。环境是一个非常复杂的系统，是人们发展自身的载体，也是影响人们道德素养水平最重要的因素之一。

每个个体都是处在社会环境中的人，作为社会组织中的一员，个体必定会与其他社会成员产生联系，在不同的社会环境中扮演不同的角色。对于大学生来讲，他们的思想、道德不但受自身所处的班级、高校等小环境的影响，而且还会受班级、学院、高校等外部环境的影响。

对于个体来讲，融入社会的过程，是“自我”得以确立的过程，在这一过程中，个体的德行品质在发展过程中不断得以完善，人也开始由生物意义上的人转为具有社会意义的人。对于社会来讲，只有处在这一社会群体中的所有人转为社会中的人时，社会才会得以生存和发展。因此，每个社会都会对社会成员进行一定的塑造，以实现这一目的。道德素养培育就是通过道德社会化，培养出适合社会发展的社会成员，同时使各民族和国家的传统文化得以积累和延续。社会环境对大学生的学习具有重要的影响，如果大学生经常接触消极、负面的信息，那么就会对大学生的思想健康产生负面影响，容易误入歧途。

人人都是社会中的一分子，社会风气的好转需要每个人的共同努力，因此，需要每个人自觉地参与社会维护社会风气的活动，自觉提升自身的道德素养，形成良好的习惯和行为。环境在提升大学生道德素养培育中发挥着重要的作用，优化社会环境能够提升大学生道德素养的教育效果。优化道德素养培育环境就是要充分发挥道德主体的主观能动性，对道德素养培育环境进行优化，通过树立先进的道德榜样营造良好的道德素养培育环境，充分利用社会中各种资源，为优化道德素养培育环境创造良好的社会环境。只有创造良好的社会环境，扫清道德素养培育中的各种障碍，大学生道德素养培育才能取得良好的效果。

（五）个体自觉

从整体来看，我国的大学生群体是综合素质相对较高的群体，绝大多数大学生的道德素养相对较高，但是这并不是说大学生不需要继续进行道德素养培育。随着社会的发展，大学生接触事物的增加，对大学生产生影响的因素越来越多，因此更应加强其自身的道德素养水平。在开展大学生道德素养培育时，影响教育效果的决定性因素是大学生的内部因素，而不是外界因素，家庭、社会环境、教育都是外部影响因素，都需要在大学生主体具有高度的自觉性的基础上，才能充分发挥其作用。为提高大学生的自觉性，要求大学生做到以下几点。

第一，大学生应主动积极地提升自身的道德素养，以实现自我教育、自我启发、自我激励。大学生要充分认识自身在道德素养培育中的主体意识，进行自我教育，充分认识到做人的价值，唤起自己内心的善，将自己内心的善与外在的道德素养结合起来，将外在的道德素养知识内化，为自己的行动提供指导。在大学生道德素养培育中，外因要通过内因来发挥作用，受教育者只有充分发挥自身的主动性，充分调动周围各种因素为自己所用，进行自我教育、自我调节，才能将教育灌输的思想内化为自己的知识，转换为自己的行动。

第二，大学生要对自己的言行进行自觉的思辨和选择。正确使用道德素养规范是大学生道德素养培育的重要方面，理论学习只有付诸实践才能体现教育的效果。大学生要不断地运用正确的道德素养规范来对抗某些错误的观念，正确看待自己身上以及周围所发生的事情，激发自身的“乐学”意识。

第三，大学生要勤于反省，及时对自己和他人的行为进行反思，从反思中不断优化自己的行为。大学生应做到“内省”和“慎独”，不断地对自己的思想和行为进行批判，及时对自己的行为进行纠正，在无人监管的情况下自觉遵守道德规范。只有这样，才能切实提高大学生的道德素养，促进大学生的长远发展。

由此可见，大学生道德素养素质的提升需要主体具有较强的自觉性。遵守道德规范是大学生道德素养培育的关键内容，大学生在面临激烈的道德冲突时，只有正确地做出道德选择，自觉地遵守道德规范，才能在实践中形成高尚的道德素养。

二、教育的基本方法

（一）隐性教育

大学生道德素养培育与生活的关系极为密切，且大学生在这一阶段具有较强的主体性，因此，潜移默化地对大学生进行教育是极佳的教育方法。隐性教育是指人们在潜移默化中受到影响，自觉地将所学的知识转换为自己的行为。隐性教育是通过一定的环境或活动载体，让大学生在参与或耳濡目染的过程中，逐渐改变自己的思想，从而在这一过程中受到教育。在大学生的发展过程中，隐性教育发挥着十分重要的作用，显现出明显的效果。在大学生道德素养培育过程中，隐性教育主要包括以下几种：

第一，充分利用目前我国在发展过程中取得的成就来教育大学生，为大学生提供生动的例子。在大学生教育过程中，理论知识的传授固然重要，但是有时过于乏味，真实案例的加入不仅能够增加课堂的趣味性，同时更有说服力。国家在长期发展过程中所形成的各种巨大成果、社会成效等，本就是生动的教学案例，大学生在深入了解的过程中，也能实现对自身的教育。

第二，利用各种教育场馆，用实物和资料来教育大学生，使其受到熏陶。近年来，我国建设了各种各样的场馆，如纪念馆、纪念地、展览馆、博物馆、科技馆等。在这些场馆中，采用实物、模拟、文字、资料、图片的形式，运用声、光、电、色、音响、激光等现代化科技手段，进行渲染、烘托，进行爱国传统教育、历史文化遗产教育和国家发展前景教育。

第三，运用各种手段，将事实内容进行加工提炼，使其中的情节能够实现感染人、教育人的目的。用科学的理论来武装人的大脑，以正确的舆论来引导人，用优秀的作品鼓舞人，从而实现道德素养培育效果的提升。

第四，创造良好的爱国主义氛围，让大学生在这一氛围中受到感染，调动其爱国主义热情。可以通过多种途径实现这一目的，如唱国歌等。

我国自古代就十分重视发挥隐性教育的功能，产生了很多相应的主张。环境教育是隐性教育的主要内容，我们平常所熟知的“近朱者赤，近墨者黑”“孟母三迁”等都是说明环境教育的重要性。十分注重环境在教育中所发挥作用的儒家，产生了大量与环境有关的育人思想，这些思想就是后来隐性教育的源头。环境是指人们进行生活、学习时所处的外部客观环境，具有较强的渗透性，是对人的间接教育。墨家文化认为环境直接影响人们的善恶，肯定了环境在教育中发挥的重要作用。由此可见，在古代我国就已经有了隐性教育的原始形态。

与此同时，发挥榜样的作用也是我们实施隐性教育的重要途径，榜样是一种形象，更是一种力量。榜样是各种优良品质的鲜活形象，具有较强的感召力，容易被人们所接受和效仿，便于大学生学习，具有较强的激励作用。受教育者在认识、了解榜样的过程中，也会受到榜样的影响，从而产生高尚的情操。在如今的社会中，先进人物和先进事迹不断涌现，他们身上具有优秀的精神、品质等，是开展大学生道德素养培育的鲜活材料。我们应当教育大学生向榜样学习，从榜样身上获得前进的动力，不断地充实自己、完善自己，从而促进自身的不断成长。

除此之外，高校也可以通过各种校园文化活动创建良好的教育环境，实现对大学生的隐性教育。如在高校举办科技文化节、艺术节、读书会、辩论赛等，大学生在参与这些活动的过程中，其集体意识、合作意识、爱国情感等都会得到进一步的提升，其责任感、使命感等都会得到强化，其道德素养水平也会随之提高。

（二）显性教育

显性教育是指在教育过程中的教育者、教育内容、教育目标等内容均是暴露的，其教育形式也是正面的，直接将教育内容灌输给受教育者。这种教育方式能够在短期内获得一定的效果，是一种能够在短时间内让大学生接受某种教育观点的教育方式。

显性教育是指通过正面宣传，提高受教育者的综合素质，使受教育者能够在国家和社会的约束下规范自己的行为，按照社会的要求发展，是一种直截了当、目的性较强的教育模式，如我们日常所见的红色教育基地。对于个体来讲，意识形态领域的东西不会凭空出现，也不会自觉地出现，因此，只有通过系统、科学的“灌输”，才能使大学生了解到自身所担负的责任和义务，才能在社会中发挥自身的价值。

显性教育就是在重复性、连续性的学习中不断强化所学知识，产生累积效应，将教育的有关内容置于优势地位，便于人们在学习过程中产生认同感，从而形成主流价值观。显性教育充分利用了各种公开手段和公共场所，扩大教育的规模和渠道。

三、教育的要素创新

（一）创新道德素养培育理念

以人为本的教育思想在大学生道德素养培育中发挥着重要的作用。以人为本的发展理念是对大学生道德素养培育理论进行创新的理论根源。大学生道德素养培育理念是指人们对大学生道德素养培育的认知态度、基本思路和指导思想。以人为本的道德素养培育理念强调受教育者的主体性，发挥受教育者在教育活动中的自主性、能动性和创造性。

自主性是个体在各种实践中在不借助外界力量的情况下，独立进行思考、判断，从而确定自己的行为。自主性的实现需要满足以下三点：一是能够独立地做出判断；二是能够对自己的判断进行批判性的反思；三是能够将自己的思想和行为结合起来。这三点也是个体由内在认识转为外部行为的过程。对于大学生道德素养培育来讲，大学生的自主性主要体现在自主学习知识，主动提高自身的综合素质上。在这些方面，大学生应充分发挥自身的自主性，运用自主性去实现自己的价值目标。

个体的能动性是指人的主观能动性，是人主体性重要的内涵和鲜明的表征。人作为活动主体，能够主动地投身到改造客观世界和主观世界的活动中。在具体的大学生道德素养培育活动中，人的主动性还表现为受教育者能够自主地对所接受的知识进行鉴别和选择，利用所接受的知识对自己的主客观进行改造，逐渐提高自身的道德素养水平。

以人为本的大学生道德素养培育理念是指在教育过程中充分发挥大学生的主体性、能动性，自觉地参与社会实践，发挥自身的创造性。人的创造性是其主体性的最高表现，表示着人作为活动主体，不再是被动地接受各种信息，而是开始调动自身的各种积极因素，进行创造性活动，是合目的性和合规律性的统一。这种统一既体现了人在实践中的主体性，也表现了人类创造活动的合理性。大学生在道德素养培育中的创造性体现了道德素养培育的客体主体化，主要包括两个方面：一方面是在教育的过程中，对道德素养培育的相关内容进行再创造，然后提出新的需要；另一方面是将教育过程中所学知识内化，然后外化为自己的行为，在此基础上进行创造性的再加工，从而将道德素养培育的价值最大化。

（二）创新道德素养培育目标

教育的最终目标是实现人的全面发展，也是大学生道德素养培育的最终目标。促进人的全面发展是指促进人的本质力量的全面发展，包括能力、个性、素质、知识等的发展。人的全面发展是一个历史范畴，是人在长期的发展中不断优化的发展过程。个人以往直接或间接交往的人以及以往的发展都会对其现在的发展产生影响，因此，人只有在历史和现实的范围内促进自身的发展，才能促进人的全面发展。在人的全面发展上，要坚持教育服务于社会的现代化建设与发展，培养人的德智体美的全面发展，在现阶段人的全面发展的要求基础上，对大学生道德素养培育目标进行创新，其具体内容主要体现为以下两点。

第一，培养健康的个性和健全的人格是大学生道德素养培育的主要目标之一。大学生健康的个性和健全的人格主要表现为具有良好的品质、强烈的竞争开放意识以及具有较强的创造力。大学生道德素养培育的目的是促进大学生的全面发展，促进大学生的全面发展就不能忽略对健康个性和健全人格的培养。因此，在大学生道德素养培育过程中，要摒弃以往人的个性发展和全面发展对立的错误观点，以促进人体健康的个性发展为起点，从大学生的需要出发，引导大学生在大学生道德素养培育中完善自身的个性和人格，通过教育实践净化大学生的思想，对大学生进行全面的引动和培育，使其成为具有健康的个性和健全的人格的真正主体。

第二，培养适应现代化发展的现代素质的人，主要有三个基本特征，一是能够适应现代社会的价值观；二是具有较强的竞争意识和开拓能力；三是具有主动改变自己和适应环境的应变能力和实践能力。

（三）创新道德素养培育环境

对道德素养培育环境进行创新的首要条件是和谐。和谐是指不同事物之间协调一致，是对立统一的高层次境界。因此，创造和谐的道德素养培育环境不仅是对环境的要求，也是对教育、人的要求。只有在和谐的环境下，才能通过和谐的教育培养和谐的人。在道德素养培育中，社会环境对人产生重要影响。从“场”的哲学概念出发，大学生道德素养培育环境所产生的辐射作用是相互关联、相互涵摄的环境“场力”的作用，大学生道德素养培育环境场的核心层是校园内环境，非核心层是校园外环境。大学生道德素养培育环境场的概念其实构成了全方位、多渠道的道德素养培育大格局。

1.构建和谐的校园内部环境

和谐校园是和谐社会环境的基础，因此，和谐的校园环境要具有和谐社会的一般特征和功能，即和谐的校园环境应具有民主法治、公平正义、诚信友爱、充满活力、人与人和谐相处等特征。大学生道德素养内部环境系统由物质文化环境、制度文化环境和精神文化环境三个子系统组成，这三个子系统是相互联系的统一整体。构建和谐的校园环境也应从这三个子系统来入手，具体内容如下。

第一，和谐的物质文化环境，是指为提升校园道德素养文化而创设的环境，如文化氛围、标志、标语等。

第二，和谐的制度文化环境，是指为保障大学生道德素养培育能够有效实施和运转的规范和技能。

第三，和谐的精神文化环境，是校园文化环境的灵魂，发挥着一定的价值导向作用。大学生的多数活动是在校园内完成的，因此，校园文化环境发挥着重要的作用，具有自身鲜明的特征。每所高校由于其发展历程等因素的不同，呈现出不同的精神文化环境，具有一定的特殊性；这一文化是被广大师生所认同的，具有一定的继承性。校园精神文化所具有的特点使它在实践中能够发挥自身的育人价值，提升大学生的道德素养。

2.构建和谐的校园外部环境

校园外部环境并非大学生道德素养培育的核心，但是其所表现出来的负面影响不容忽视。随着网络技术的发展，大学生可以轻而易举地接触到社会上各种各样的信息，其中虚拟的网络文化、追求利益为上的原则、社会中的一些负面因素等，使构建和谐的校园道德素养培育外部环境成为紧迫任务。和谐的校园外部环境主要包括以下几点。

（1）构建和谐的大众传媒环境

大众传媒环境具有一定的社会化功能，在如今的信息化时代中，对于优化社会环境发挥了重要的作用。大众传媒具有极强的教化作用，但是如果利用不当也会带来一定的负面影响，因此在构建和谐的大众传媒环境时，要保证大众传媒所发挥的正向教育作用，在保证主流意识形态其核心地位的基础上，做到政治性与艺术性的统一。

（2）建立高校与社区道德素养的培育互动机制

现如今，大学是人们进入社会的第一步，是一个小型的社会。各高校都隶属于一定的社区，高校应充分发挥自身优势，与社区建立良好的互动合作关系，在为社会输出人才的同时，锻炼、提升大学生的综合能力。各社区街道在这一过程中也要积极为高校创造条件，与高校建立良好的合作关系，让大学生在这个和谐的大环境中汲取丰富的德育营养。

（3）建立健全的高校和家庭道德素养的培育互动机制

家庭环境在道德素养培育中发挥着重要的作用，高校应与家庭建立良好的培育互动机制，通过联谊会、家长高校等形式，探索与家长之间协作发展。同时鼓励校内的教师多与大学生、家长进行沟通交流，加深教师对大学生的了解，使家庭教育与高校教育衔接起来，将家长的期望、教师的教学热情、大学生的学习积极性整合起来，从而有效提高大学生道德素养培育的教育效果。

（四）创新道德素养培育方法

统筹兼顾作为科学发展观的根本方法，也应是指导大学生道德素养培育的根本方法。

1.统筹道德素养培育与智体美劳培育的关系

促进大学生德智体美劳全面发展是如今高校育人的核心内容。这四项内容是相互联系的统一整体，在促进人的全面发展中发挥着自身独特的作用，不可互相替代。因此，在开展大学生道德素养培育的过程中，不可忽视大学生其他方面的发展，要推动大学生综合素质的提升。

2.统筹个人利益与集体利益

个体的发展离不开社会和集体。集体利益和个人利益是紧密联系在一起的，集体利益是社会上各成员个体利益的集合，是个体利益的发展。个人是在集体中成长和发展的，个人活动的开展不仅是为了自己，同时还为了集体、为了他人。个人为集体所创造的价值和个人的成长速度、个人自身的价值是成正比的，在集体中发挥的价值越大，个人自身的价值就越大。大学生道德素养培育应教会大学生辩证地看待个人利益和集体利益之间的关系，使大学生自觉维护集体利益，实现自身的价值。

3.统筹物质利益与精神利益

在社会上，人们产生的利益主要是物质利益和精神利益，这两者之间是相互联系、相互存在的统一体。随着社会的发展以及受社会上产生的各种文化思潮的影响，部分大学生的功利价值取向较重，注重短期回报，而对于精神收益、远大理想的追求则较为漠视。大学生道德素养培育应引导大学生正确看待物质利益与精神利益，在不否定物质利益的同时，鼓励大学生追求更高层次的精神利益，调节好物质利益与精神利益之间的关系。

4.统筹人的个人价值与社会价值

马克思主义价值观认为，人的个人价值和社会价值是紧密联系在一起的，两者是不可分割的。在社会实践中，人们对个人价值和社会价值的实现主要持有两种错误的看法：一是只强调个人价值而忽视社会价值；二是只强调社会价值而忽视个人价值。这两种观点都过于偏激，在如今的大学生群体中，一味强调个人价值的相对较多。对此，在开展大学生道德素养培育时，一方面要让大学生深入认识个人价值和社会价值，两者是互为前提的，社会价值是第一位的，是个人价值的基础；另一方面要让大学生处理好个人价值和社会价值之间的关系。

第三节　大学生道德素养培育价值实现的机制体系

大学生道德素养的发展和完善，是在一定制度环境下的自然演进的生长过程。大学生道德素养培育价值实现的机制体系主要包括导向机制、激励机制、监测机制、调控机制等。

一、导向机制

在个体思维方式中，思想、价值观、道德等都具有突出的稳定性，它们形成后往往不会发生较大的变化，并且能够指导和约束人们的实践。若个体不受到社会道德规范的引导和教育，那么个体就无从树立正确的道德和价值观。目前，我国现行道德规范的主要内容就是社会主义核心价值观，它能够为个体提供在道德规范方面的方向和原则，能够对个体的价值观、精神道德等进行适当调节。要将价值导向机制的作用充分发挥出来，就应当完善社会相关政策，借助舆论和媒体的宣传力量，将思想道德规范的内容与标准和公民的道德素养价值体系结合起来，构建完善、健康的社会道德体系。坚持舆论导向机制主要分为三个层面的教育，即舆论导向、价值导向、目标导向。

（一）舆论导向是推动道德建设的重要力量

强制力量无法令大量道德素养问题得到根本性解决，唯有借助思想、文化等的渗透活动，才能够纠正个体的思想观念，从根源上消除人们错误的道德动机。社会舆论从某种角度来说是无形的约束力量，它规范和制约着人们的言行，对不同个体之间、个体和社会之间的关系进行适度调节。因此，在社会道德建设领域，新闻媒体应当充分利用其舆论引导作用和道德宣传作用，真正做到对社会中的新风尚、新道德进行弘扬，对社会中的落后、恶劣行径加以指责和披露，营造积极向上的社会氛围，让新闻舆论对人们的思想道德观念起到潜移默化的感染作用。唯有切实抓住舆论风向，用舆论对群众的思想观念加以引导，才能净化社会风气，进一步推动社会的良性运转。

（二）价值导向能提高道德素养培育活动的有效性

大学生对道德素养培育活动中人际交往价值的认知程度及观点立场，会在很大程度上影响并决定着其人际交往动机。因此，在实施大学生道德素养培育活动时，教育者要给予适当的引导，让他们形成对人际关系的正确认识。

在大学生道德素养培育中，价值导向的作用是不容忽视的，其作用具体包含下列几点：一是通过价值导向让大学生真正将自身利益和集体利益、社会利益联系起来，让大学生把握社会当前主流价值观，真正用社会主义核心价值观来指导和规范自身言行；二是通过价值导向促使大学生树立起道德素养价值目标，以目标进行激励并落实于行动，让他们以更积极的态度对待道德交往；三是通过价值导向强化大学生的集体观念和团结意识，从而间接地提高道德素养培育活动的有效性；四是通过价值导向让教育者和受教育者在道德素养价值观方面保持一致性，以此增进双方的交流，让他们更加接受和认同对方，促使他们实现双向发展。

（三）目标导向的确立所要考虑的因素

目标发挥着“灯塔”的作用，为人类行为指引方向。根据社会心理学理论可知，人们所产生的不同的利益需要决定了人们的动机，动机促使人们开展不同的实践，人们所从事的任何活动都会指向某一目标。目标能够反映个体的利益需要以及动机，能够决定个体的行为。

在大学生道德素养培育活动中，主体所确定的培育目标能够反映人们的动机以及价值取向。在具体落实大学生道德素养培育活动的过程中，教师及管理人员应当做好目标管理工作，并在进行目标导向时要注意做好下列几点：首先，确立的目标应当是具体的、符合实际情况的，并且是符合社会主流道德观念的；其次，所制定的目标要与大学生的心理特点、年龄等相符合，要通过目标将大学生当前关于职业、道德、人际关系方面的需要反映出来，让目标对大学生的成长起到鼓舞、引导的作用；最后，所确立的目标不应损害任何大学生个体的利益，即要在整体性与个体性结合的基础上将目标确定出来。

二、激励机制

人的行为是在动机的驱使下形成的，当人所产生的某种需要没有得到满足时，就会产生一定的动机和行为。大学生道德素养培育的激励机制是指通过一系列内外在激励手段，激发和维持大学生在道德素养提升过程中的积极性和主动性，以实现其道德素养的全面发展。

1. 内在动机激发

内在动机是指个人出于内心的愿望和兴趣去从事某种行为。在道德素养培育中，可以通过培养大学生的道德认同感、责任感和自我实现需求，激发他们自觉遵守道德规范和积极参与道德实践活动的内在动力。

2. 外在激励引导

外在激励包括奖励和惩罚两种形式。通过表彰优秀个体、颁发荣誉证书、提供奖学金等正向激励，以及通过必要的规章制度和纪律处分等负向激励，引导大学生形成良好的道德行为习惯。

3. 环境氛围营造

创建一个有利于道德素养培育的校园文化和社会环境，如举办道德讲座、组织主题班会、开展志愿服务活动等，可以营造正面激励的道德教育氛围。

4. 榜样示范作用

利用榜样的力量，如通过校内外道德模范人物的先进事迹，对大学生进行示范引导，激发他们的模仿欲望和道德追求。

5. 持续关注和支持

高校、家庭和社会应给予道德素养培育工作持续的关注和支持，形成一个多方参与、共同促进的大学生道德素养培育体系。

大学生道德素养培育价值实现的激励机制对于个人、教育机构和社会整体都具有重要的意义。道德素养是个人综合素质的重要组成部分，通过激励机制可以激发大学生内在的道德追求，帮助他们形成良好的道德习惯和品质，促进其成为德智体美劳全面发展的人才。通过激励机制培育学生的道德素养，可以增强他们的社会责任感和公民意识，使其在未来的社会上能够积极参与社会事务，为社会的和谐与进步做出贡献。

三、监测机制

教育者应借助各种有效的手段，密切关注大学生道德素养培育过程中的动态信息，对社会上的舆论进行监测，做好记录，及时发现并解决发展过程中产生的各种问题。

（一）加强社会舆论和媒体监督

社会舆论和媒体监督是当今社会上两种不可忽视的强大力量，它们在维护和促进社会公平正义方面发挥着关键作用。对于当今社会来说，社会舆论和媒体监督能够加快社会机体自我修复的速度。所以，应当重视社会舆论和媒体建设，要将其批评作用、渗透作用最大限度地发挥出来，真正让多元新闻媒体形成一体化的舆论监督体系，对社会上各种错误的、非道德的言行进行批评和抵制，借助舆论的力量促使人们树立正确的是非观念，进而形成优良的道德行为习惯。

（二）了解大学生不同的成长环境

弗洛伊德将人生的最初阶段视为一个孵化场，认为人与人在交往中出现的敌对、迷茫、依赖以及缺乏自尊等问题都源于童年时期的发展。一方面，高校的大学生家庭背景各不相同，不同个体的成长经历可能存在较大的差异，但是家庭背景往往会对大学生造成潜在影响。另一方面，经过多年成长，大学生的很多习惯已经十分固化，不会轻易发生改变，因此高校的道德素养培育工作者要想对大学生不良的思想及行为习惯加以纠正，就要和大学生建立起良好的交往关系，让他们愿意倾诉自身所面临的问题及所思所想，之后再根据他们所讲述的情况予以针对性的引导和教育。

（三）创建畅通的预警反馈机制

创建畅通的预警反馈机制就是指要建立科学的检测目标体系和思想道德网络信息系统，全面收集与大学生道德素养培育相关的信息资料，及时了解在实施过程中出现的各种新问题、新情况，并对未来道德素养培育发展过程中可能出现的问题进行预测。根据以上内容提前制定预警报告和控制方案，增强大学生道德素养培育的前瞻性和主动性。

四、调控机制

大学生道德素养培育工作者要注意引导大学生对自己的道德认知结构进行不断调整，帮助大学生树立正确的认识，促使大学生在实践中不断提升自身的道德素养。

（一）充分发挥大学生心理咨询室的作用

高校应当认识到大学生心理咨询室的地位和作用，并对其加以充分运用。心理咨询室往往能够掌握大学生的道德心理水平，能够清晰地认识到不同个体在道德素养方面所存在的差异。不同的大学生其性格、智力是不同的，其成长环境、教育背景等自然也有着明显的区别，而种种因素的不同使不同的个体形成了不同的个性。在开展道德素养培育工作时，教育者应当清楚地认识到这些差异，并且从现实情况出发灵活选择教学内容及教育方法。

（二）完善道德素养培育工作者的工作

要想令培育工作变得更加完善，道德素养培育工作者不仅要从道德情感方面与大学生进行深入的交流，还要在实际的学习和生活中及时向大学生伸出援助之手。培育者在实施培育活动时始终要尊重大学生的个性化特征，要对大学生的思想道德进行规范和约束的同时给其个性发展留出充足的空间。在培育活动中首先讲授最基本的道德素养，为大学生的个性发展及思想成熟奠定坚实的根基。若道德素养培育和大学生当前的情感需要、认知水平存在着较大的差距，那么其教学效果往往会与预期效果相背离。因此，在实施培育工作时，应当循序渐进、先易后难，从起初的心理层面慢慢深入到世界观层面。

（三）重视社会实践

人的根本属性在于其社会性，人们唯有通过社会实践才能实现自身的综合发展，进而实现人生理想。从社会角度而言，要以监测机制所显示的大学生道德素养培育信息为依据，构建起高效、统一、灵活的工作机制，以较短的时间将政策、法规、制度等制定出来，让人们的思想道德、心理倾向、价值观等受到正面的引导和影响。通过道德素养培育，要让大学生能够用理性的态度对待生活中涌现出来的问题与矛盾，让他们在树立道德素养观念的同时自觉加强道德意识的培养。另外，大学生的道德心理在很大程度上受到社会公众行为表现的影响，良好的公众行为表现可以促进大学生人际交往能力的提升。所以，要让大学生真正从自身生活境况及情感体验出发形成鲜明的义务感、责任感。要真正让大学生敞开心扉，加入更加多元的人际交往活动中，通过和不同个体的互动掌握更多为人处事的技巧。唯有通过自身的体验和经历，大学生才能够真正实现和集体的融合，才能够产生更高的自我追求，并实现人生的价值。

从本质上讲，教育问题仍是价值观方面的问题。大学生道德素养培育活动开展的目的在于帮助大学生形成更加完善的人格及崇高的道德品质，从而达到规范其言行、净化社会风气的目的。

参考文献

［1］《思想道德修养与法律基础》编写组.思想道德修养与法律基础［M］.北京：高等教育出版社，2018.

［2］艾楚君，宋新.大学生社会责任感生成机理及培育路径研究［J］.湖南科技大学学报（社会科学版），2017（1）：179–184.

［3］曹海莹.新时代大学生党员理想信念教育探究［J］.现代交际，2018（14）：128，127.

［4］陈建华.网络环境视域下大学生思想道德建设探究［J］.学理论，2017（9）：250–252.

［5］陈抗.道德推脱在大学生社会目标与攻击行为关系中的调节效应分析［J］.重庆大学学报（社会科学版），2019（3）：213–224.

［6］陈敏.儒家道德思想对大学生价值观建设的启示［J］.文教资料，2019（19）：138–139.

［7］陈文娟，陈希.新时代公民道德建设新在哪？［J］.思想教育研究，2019（11）：19–22.

［8］邓安庆.再论康德关于伦理与道德的区分及其意义［J］.北京大学学报（哲学社会科学版），2019（5）：24–36.

［9］丁冬红.高校文化建设对大学生思想道德教育影响分析［J］.科教文汇（中旬刊），2018（23）：10–11.

［10］丁锦红，张钦，郭春彦，等.认知心理学［M］.2版.北京：中国人民大学出版社，2014.

［11］董俊麟．道德失范现象及其对策研究——以大学生群体为研究对象［J］．法制与社会，2020（1）：124，128．

［12］董祥勇．新时代公民道德建设的指导思想与推进策略［J］．学习与实践，2019（6）：45–49．

［13］冯国锋．论不道德者在道德治理中的角色及其主体间性［J］．学术交流，2017（7）：74–80．

［14］高臣，笪学军．当代大学生道德教育的困境与反思［J］．文化创新比较研究，2018（36）：33–34．

［15］高竞男．文化自信融入大学生思想政治教育路径探析［J］．吉林化工学院学报，2018（12）：45–47．

［16］高媛．大学生加强思想道德修养的分析［J］．求知导刊，2016（2）：9–10．

［17］黄玺，梁宏宇，李放，等．道德提升感：一种提升道德情操的积极道德情绪［J］．心理科学进展，2018（7）：1253–1263．

［18］姜晶花．主体复归与大学生诚信教育［J］．国家教育行政学院学报，2017（11）：58–62，95．

［19］黎晓琳．大学生“精致利己主义者”现象分析［J］．改革与开放，2018（15）：90–92．

［20］李诗羽．新时代大学生思想道德建设面临的问题与措施［J］．农家参谋，2019（23）：254．

［21］李伟强，郭本禹，郑剑锋，等．学校道德氛围知觉对道德发展影响的教育干预实验［J］．心理科学，2013（2）：390–394．

［22］李晓华，袁晓萍．高校立德树人的时代内涵和实践路径［J］．高等教育研究，2018（3）：70–73．

［23］林兴德．大学生思想道德健康成长的要素分析［J］．思想理论教育导刊，2017（5）：48–51．

［24］刘盼盼．当代大学生道德失范的表现、成因与对策探析［J］．中

共乐山市委党校学报，2017（3）：79–81.

［25］刘淑红.儒家道德观对大学生道德教育的启示［J］.教育现代化，2019（74）：257–258.

［26］刘晓红.大学生道德冷漠现象分析及其对策研究［J］.淮北职业技术学院学报，2013（4）：12–13.

［27］刘晓玲.新时代大学生思想道德建设的制度环境研究［J］.学校党建与思想教育，2020（11）：20–24.

［28］刘鑫，师吉金.大学生思想道德健康成长的原因分析［J］.锦州医科大学学报（社会科学版），2018（4）：111–113.

［29］刘莹，李伟杰，李晓兰.新时代青年学生理想信念形成分析及教育对策探究［J］.黑龙江工业学院学报（综合版），2018（6）：5–8.

［30］刘振强.多元文化背景下大学生理想信念的生成、变化及行为转换［J］.继续教育研究，2018（10）：130–134.

［31］柳礼泉，陈方芳.传统孝文化融入大学生思想道德教育的价值及实现路径［J］.船山学刊，2016（3）：107–112.

［32］马向真.当代中国社会心态与道德生活状况研究报告［M］.北京：中国社会科学出版社，2015.

［33］钱穆.中国文化精神［M］.北京：九州出版社，2017.

［34］瞿振元.素质教育要再出发［J］.中国高教研究，2017（4）：26–29，36.

［35］王嘉麟.优良家风融入大学生道德教育的探索［J］.福建茶叶，2019（11）：233–234.

［36］王婧，徐仲伟.关于网络社会公共道德的建设［J］.思想理论教育导刊，2015（1）：34–37.

［37］王永，黄永录.新时代大学生思想道德建设面临的挑战与对策［J］.当代教育理论与实践，2018（3）：95–99.

［38］韦耀阳.大学生道德健康量表的编制及现状调查［J］.青少年学

刊，2018（4）：23–39.

［39］韦永强，马雪丽.新时代视域下道德基础与思想教育对当代大学生的影响［J］.湖北经济学院学报（人文社会科学版），2020（2）：121–123.

［40］魏凯.孔孟荀道德修养方法对大学生道德教育的启示［J］.现代交际，2019（18）：139，140–141.

［41］魏英敏.新伦理学教程［M］.北京：北京大学出版社，2003.

［42］夏喜元，代艳红.中华优秀传统文化融入大学生思想政治教育的内容研究［J］.文化学刊，2018（11）：125–128.

［43］徐蕾.培养道德自觉：立德树人的现实路径［J］.当代教育科学，2016（15）：56–59，64.

［44］徐侠侠.大学生道德诚信知行离合度调查分析——以江苏省高校为例［J］.淮阴师范学院学报（自然科学版），2018（1）：57–61.

［45］闫春娥.中华优秀传统文化对当代大学生思想道德教育的价值［J］.柳州职业技术学院学报，2017（6）：48–50.

［46］杨雄英，字振华.新形势下高校大学生中华优秀传统道德教育现状及对策分析［J］.价值工程，2016（27）：250–253.

［47］翟博.树立新时代的家庭教育价值观［J］.教育研究，2016（3）：92–98.

［48］詹泽，吴宝沛.无处不在的伤害：二元论视角下的道德判断［J］.心理科学进展，2019（1）：128–140.

［49］张芙蓉，郭青，田星杰.新媒体环境下大学生诚信教育调查研究［J］.高校党建与思想教育，2018（17）：75–76，87.

［50］张巧飞，姚茜.对当代大学生公民道德教育建设的分析［J］.法制博览，2019（7）：286–287.

［51］张晓庆.基于孔子君子人格思想的高校道德人格培育探析［J］.黑龙江高教研究，2016（1）：105–108.

［52］张艳伟，裴雨墨.新时代提升大学生道德能力的路径分析［J］.沈阳师范大学学报（社会科学版），2019（6）：23-27.

［53］张洋洋，王浩.传统孝道文化对当代大学生思想道德建设的启发［J］.戏剧之家，2020（6）：117-118.

［54］赵世龙，贾玥.大学生道德教育的内容与路径创新［J］.吉林省教育学院学报（下旬），2015（7）：11-12.

［55］郑思严，韩乐江.大学生道德人格的完善与人的全面发展［J］.教书育人（高教论坛），2019（18）：68-69.

［56］钟俊生，左浩淼.新时代立德树人在高校思想政治教育中的现状及对策分析［J］.思想政治教育研究，2019（4）：129-134.

［57］周波.中国当代人格美学思想的建构思路［J］.山东师范大学学报（人文社会科学版），2017（1）：37-49.

［58］周光苑，李庆华.大学生道德养成教育的路径探究［J］.黑龙江教育（理论与实践），2018（4）：30-31.

［59］朱文婷.提高面向大学生培育和践行社会主义核心价值观的有效性研究［J］.课程教育研究，2019（2）：77-78.

［60］庄友刚，张贺.道德治理的理论定位、逻辑前提与理论思路［J］.山东社会科学，2016（7）：117-122.

［61］宗晓兰.老子思想对当代大学生道德教育的启示——评《先秦道家的道德世界》［J］.高教探索，2020（5）：135-136.

［62］邹群，王琦.教育学［M］.大连：辽宁师范大学出版社，2009.